清末外交大臣

梁敦彦

李健明 著

中国出版集团有限公司

世界图书出版公司

广州 · 上海 · 西安 · 北京

图书在版编目（CIP）数据

清末外交大臣梁敦彦 / 李健明著 . — 广州：世界图书出版广东有限公司，2024.6
ISBN 978-7-5232-0100-8

Ⅰ . ①清…　Ⅱ . ①李…　Ⅲ . ①梁敦彦（1857–1924）—生平事迹　Ⅳ . ① K827=52

中国国家版本馆 CIP 数据核字（2024）第 106597 号

书　　名：清末外交大臣梁敦彦
QINGMO WAIJIAO DACHEN LIANG DUNYAN
著　　者：李健明
责任编辑：程　静
装帧设计：书窗设计
责任技编：刘上锦
出版发行：世界图书出版有限公司　世界图书出版广东有限公司
地　　址：广州市新港西路大江冲 25 号
邮　　编：510300
电　　话：020-84453623　84184026
网　　址：http://www.gdst.com.cn
邮　　箱：wpc_gdst@163.com
印　　刷：广东信源文化科技有限公司
开　　本：787 mm × 1 092 mm　1/16
印　　张：12
字　　数：248 千字
版　　次：2024 年 6 月第 1 版　2024 年 6 月第 1 次印刷
国际书号：ISBN 978-7-5232-0100-8
定　　价：58.00 元

咨询、投稿：020-84451258　gdstchj@126.com

（如有印装错误，请与出版社联系）

前言

一

如果以下几个“假如”成立，就不会有历史上的梁敦彦，也不会有后来由梁敦彦参与书写的近代历史篇章：假如他的祖父不在香港行医；假如他不到香港读书；假如清政府的留学计划不成功；假如他在广州没有遇到他的学生；假如他的学生没有介绍他到张之洞帐下服务。那么，中国近代外交历史或许会变得更黯淡无光。

然而，一切假设都不复存在。相反，每一件都环环相扣地切实发生。于是，众多偶然，造就出近代充满传奇色彩的梁敦彦。

确实，在外人看来，梁敦彦的人生十分传奇。其实，他只是在近代史的清晰脉络中缓缓前行，在前行中坚持自己的原则，坚守认定的价值取向。因此，他早期的二十年幕僚生涯有点沉闷、压抑，不见半点传奇色彩，总看不到出头之日。因为，那是制度设置与自身性格使然，幕僚的身份令他难以进入对非科举出身者充满歧视色彩的官僚体系。即使张之洞不断力荐，他也仅以候补官员身份等待派遣。而不善交际的性格与耿介清廉的品格，又令他与清末的官场有点格格不入。因此，直到深受慈禧太后信赖的端方保奏，后再由进入权力中心的袁世凯大力举荐，他才得以脱离沉默而辛劳的幕僚身份进入官僚体系。

二

不过，正是这二十年的漫长磨炼与从未放弃的自我砥砺，尤其是第一线实际工作的切实锤炼，再加上纷繁复杂中外关系的挑战和重压，令其远离传统儒生或衙门官员的理想主义，以耶鲁大学（Yale University）那严谨、系统、科学的训练下养成的问题导向意识，抽丝剥茧，直奔主题，免却顾虑于纷繁复杂的人际关系与进退失据的个人得失。他那一贯敏捷、清晰的头脑与果决不阿的风格在新旧交替、中外冲突的时代中化为一道亮光，照耀着那沉闷而萎靡不振的晚清夜空，也让人们看到他异于传统官僚的独特色彩与干净利落，感叹其总出人意料的卓越行政才能。

因此，即使他在张之洞手下充当幕僚、助手，人们，尤其是朝廷高官、各国官商人士，对他的评价都已超越寻常意义的参谋者，而是精通中西文化与制度、道德高尚、清明廉洁、勇于任事、事不避难的末世英才，他们更相信他在关键时刻能力挽狂澜。人们对他寄予的期望如此高，可见其清誉远传。

于是，他才得以在望五之年出任津海关道员和外务部尚书。

三

面对一系列令前人束手无策的中外纠纷，梁敦彦在谈判桌上与强权国家针锋相对，唇枪舌剑，寸土不让。针对列强的需求与弱点，他进退有据，适度让利，回旋自如，常令本是剑拔弩张，甚至即将一拍两散、兵戎相见的局面，最终往各得其利的多赢局面迈进。

在这外强不断践踏国家主权和不平等条约令人难以喘息的昏暗岁月，梁敦彦及一批志士成为清王朝这艘逐渐倾斜下沉的大船上那高高竖起的一道桅杆，孤独却坚定地指向令人无法失去希望的远方。

在他辞去外务部尚书后，国内民众、媒体、官员一直呼吁他复出。即使在沉重的生活压迫下，人们仍非常清晰地看到清瘦的梁敦彦那为国分忧的担当，更欣赏他那屡出妙计的智慧。他们真诚期待更多如同梁敦彦那样的官员联手筑起一堵坚实的厚墙，去阻挡那滔天洪水如此毫无遮挡地冲塌清王朝这岌岌可危的摇摆大厦，好让他们不再安宁的生活获得片刻喘息。

四

其实，在清末民初，不同时期的政府面对纷繁复杂的中外事务，尤其是必须直面的各种大规模改革，的确需要一批如梁敦彦那样留学国外、深通中外事务的官员去自如应对那纷至沓来、牵一发而动全身的棘手事务。幸好，他们也确实以从不言悔的努力与积极乐观的精神令陈腐的清政府、北洋政府散发出些许蓬勃气息。

因此，虽然他们在留学过程中遭遇挫折，回国后又沉浮难定，但是中西交往的大时代刚好撕裂出一个巨大缺口，让他们在这个独有的空间中往来驰骋。

正是他们的专业才能与不懈努力，才出现中国人自己修建的京张铁路（从今北京市丰台区至河北省张家口市）、各种现代制度、各类中国现代技术。也正是他们对中外事务敏锐的洞察力与坚持不懈的努力，才最终将美国庚子赔款退回款项顺利用于国内英才留学美国，造就出现代中国大批科技文化英才。

对国家制度、典章规则的制定，对经济速度的提升，外交事务的纵横捭阖，以及通过现代英才的培养以增强国家实力的贡献，令他们最终以群雕的形象屹立在曙光初现的近代中国大地上。

五

以梁敦彦等人为代表的留美学生在中外交往中不断走进时代深处，愈发展现出他们广博的知识、开阔的视野、丰富的经验、浓厚的家国情怀积淀经年后形成的独有价值，更体现出他们不为人知的开创性贡献和对中国深远而长久的意义。

他们的贡献固然与自身的才智、毅力、品格密不可分，更与时代、国家、社会的需求息息相关。

本书力图还原梁敦彦一生不为人知的经历与对国家、民族、时代不可磨灭的贡献，展现出一位明敏、深邃、耿直、低调的智者在沉默中坚守、在挑战中沉毅、在巅峰时沉着、在孤寂中淡净的多层次形象。

本书将梁敦彦放置在城头变幻大王旗的新旧交替大背景中，剖析他对自身、时代、国家那冷静而深具远见的分析，解读他为国分忧、奋不顾身的历史担当；也着力描绘出大批历史人物和留美幼童在时代急速变换中的价值判断与是非抉择，为人们呈现出一幅波澜壮阔的历史画面与沉浮悲欢的个人白描，以期解读出不同人物面对利益、价值、意义时的选择，以及其相映成趣的人生走向。同时，本书力图让大家更客观而真实地认识从顺德走出的梁敦彦，以回馈这片孕育出这位为近代历史增添亮色而为人津津乐道的乡贤的土地，还有仍如百年前那样宁静秀拙的古桥秋月、石狮码头和古老山岗。

目录
CONTENTS

梁敦彦：从留美幼童到清末外交大臣

梁敦彦（1858年11月7日—1924年5月12日），字朝璋，号崧生，今广东省佛山市顺德区勒流街道龙眼村新屋坊人。早年就读于香港皇仁书院。1872年赴美学习于美国哈特福德高等小学；1873年升入哈特福德中学；1878年以优异成绩考入耶鲁大学，攻读经济学专业。后因清朝廷中断留学计划，1881年，梁敦彦与留美同学一道回国。

回国后，梁敦彦初到天津电报学堂教授英文。1885年入两广总督张之洞帐下电报房工作。因翻译精准快捷，为事沉稳高效，深得张之洞赏识，后渐参与汉阳铁厂、湖北枪炮厂的筹建，更与各国官员、商人对接、谈判，致力取得彼此利益。因其精通国际惯例，经济专业精深，处事务实严谨，为人通达公正，深得各国官员与财团信赖，也磨砺出卓越外交才能，积累着丰富行政经验，他也透彻认识到清朝廷问题所在，并探索解决方法。

1904年，梁敦彦任天津海关道主官。他不仅合理利用外资，修建金汤桥，极大便利天津交通，更据理力争，收回八国联军占用的土地，他还在力求平等互惠前提下与比利时、德国合作开采临城煤矿、井陉煤矿，为当时工业生产、民众生活提供重要能源。同时，他完善北洋大学堂管理，派遣学生留学美国，为国家培养出大批专业英才。

1904年，梁敦彦推荐留学美国的詹天佑主持京张铁路修建，令这条当时技术难度极大的铁路顺利完成，开启中国铁路历史新纪元。

1907年5月，梁敦彦受命与德国、英国就津浦铁路的合作模式进行谈判。1908年1月，谈判取得成功，最终通过以路抵押形式达成修筑铁路协议，在列强环伺中成功保护中国的铁路权利，打开交通大动脉，推动经济发展，受到朝野称颂。

1908—1910 年，梁敦彦先后出任署理外务部右侍郎、外务部右侍郎、署理外务部尚书、外务部尚书会办大臣。他不仅与日本进行艰苦卓越的谈判，签署《图们江中韩界务条约》，取得维护领土主权的胜利，更推动庚子赔款美国退回款项用于留学美国项目，并精心选择游美肄业馆地址、设定留美学生选择标准、设置留学科目比例。1910 年，游美肄业馆开办；1911 年，游美肄业馆改名为“清华学堂”；1912 年，清华学堂改称“清华学校”；1928 年更名为“国立清华大学”。

1910 年 7 月，梁敦彦辞去外务部尚书职位；9 月，奉命秘密访问德国、美国，努力缔结三国联盟，维护国家主权和利益。1911 年 5 月，任外务大臣；11 月，任外务部大臣。1912 年，任北洋政府交通总长。1913 年，担任欧美同学会首任会长，积极推动中外文化交流。1918 年，任徐世昌任总统的北洋政府交通部部长。

1924 年，梁敦彦在北京去世。

第一章
乡村岁月

第一节 顺德龙眼梁家

一

清咸丰八年十月初二（1858 年 11 月 7 日）午时，梁敦彦出生在广东省顺德县石涌堡龙眼村（现为佛山市顺德区勒流街道龙眼村）新屋坊梁氏老宅中。

男孩呱呱坠地，老宅一片喜庆。

人们争相端详这位梁氏家族第十八代后嗣。

本来，梁镇邦有子三人：长子文锳、次子文锐、三子文镜。文锳于清咸丰四年（1854 年）去世，无子。次子梁文锐奉父命立长子梁敦彦为梁家子嗣。

千百年间，龙眼乡民就在这里劳作生息、挥桨游弋，延续着古老的传统与风俗——龙眼村委会供图

祖父梁镇邦眯着眼，长时间端详这个有点平静的命根子，然后，呷一口浓茶，微微一点头，哈哈一笑，说：“我们梁家又有后啦！”

初为人父的梁文锐侍立一旁，也满心欢喜。他不停地点头，轻声说：“我们梁家有后啦。”

此时，庆贺的亲朋纷纷登门，祝贺他们添丁增喜，满堂吉庆。

年轻的母亲郑氏怀抱着刚来到世间的儿子，带着母亲独有的慈爱轻轻抚摸着梁敦彦。十月怀胎中的各种忐忑与忧虑，此时烟消云散。

“添丁”，是一位乡村女子嫁入夫门最重要的人生使命，也是决定自己未来身份与命运的关键。

如今，一切释然。温婉的她可凭儿子的诞生成为梁家更称职的大儿媳。

看着酣睡的儿子，她微笑着将脸轻轻贴着他的额头，说：“真好。”

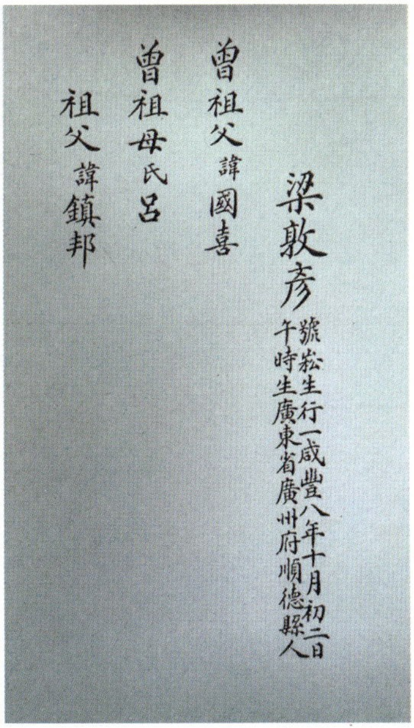
梁敦彥
號崧生行一咸豐八年十月初二日午時生廣東省廣州府順德縣人
曾祖父諱國喜
曾祖母氏呂
祖父諱鎮邦

梁敦彦档案——图片来源：中国社科院近代所：《近代史所藏清代名人稿本抄本梁敦彦档四》第 134 册，郑州大象出版社，2011 年，第 543 页。

此时，庆贺进入高潮。姜醋的甜辣香与猪脚的腴香弥漫着这座古老宅院。笑声不时冲破碧绿的花窗，散向明净而略带初冬清凉的鱼塘。

二

其实，在梁敦彦出生前四年（1854 年），天地会响应太平天国运动，揭竿而起。他们纵横顺德，鏖战四方，致使兵荒马乱，乡人星散各处。梁氏族人经历过一夜三惊的不安与彷徨。如今，大战远去，农田复耕，塘鱼壮猛，“鱼嚼断萍吹碧沫”“水面村舂静不劳”。他们更深感宁静、平和的生活的来之不易与珍贵。

梁家很久没有如此家逢喜事，人们趁此机会尽情享受添丁带来的喜悦与希望。

不过，往来宾客和梁氏族人绝对没想到，这位看似普通的乡村男孩子，日后竟深刻地影响着近代中国，也成为龙眼梁氏族人至今仍引以为傲的人物。

"龙渚初关"闸门楼是人们走向县城大良的必经处，也是乡人认识更广阔空间的出口——龙眼村委会供图，摄于2022年7月

三

龙眼梁氏家族源自河南。宋神宗时期（1125年前后）为躲避南犯金兵，举族南迁，寄居位于今广东省韶关市的南华寺内，后定居南雄（现为县级市，由韶关市代管）沙水村。

南宋咸淳九年（1273年），他们再度南下，来到如今龙眼村。其中，闲安公、仲清公定居永安岗北，尚义公定居圆岗脚，梁凤公定居石岗脚。他们绕山聚居，春耕秋收，繁衍生息，子孙繁盛。

明清时期，他们种桑树，植果苗，运生丝。

"屋旁桑麻四五家，溪流之折路三叉。乌穿古社绿榕树，蜂闹短垣红杏花。"[①]

清末，渐积财富的他们合资建祠堂，敬先祖，聚族人。渐成大族的龙眼村梁氏共建祠堂28座，分布各处。梁氏子孙，兰桂腾芳。

龙眼村一直有吕氏、李氏家族。吕、李、梁三个家族绕山聚居，世代相融，彼此联姻，千丝万缕，乡村分外和睦平静。

① （清）温汝能纂辑《粤东诗海》，吕永光等整理，李曲斋、陈永正审定，中山大学出版社，1999年，第1753页。

梁敦彦的曾祖母就是龙眼村吕氏族人，祖母李氏也是本村女子。因此，一家喜庆，全村共贺；一人遇困，几族襄助。邻里鸡犬相闻，彼此守望相助。“独幸太平风俗厚，家家饱饭乐悠游。”①

四

龙眼村是珠江三角洲典型的水乡村落。龙眼村当时地属顺德县石涌堡，堡中有石涌、西丫、连村等十三个自然村。此村昔日称“龙渚”，后因与杏坛“龙渚堡”名称相同，改称“龙眼”。

龙眼村离县城大良仅 10 里（约 5000 米），有石板路直抵县城。勒流乡民到县城购物或买卖，必穿过村中“龙渚初关”牌坊。

大演海经锦鲤海入龙眼村，辗转东流，进入金斗涌。北海从江村南入龙眼村。因此，此地清河绕村，水陆四通八达，舟楫往来自如，乡民交往频繁。

清末，种桑养蚕的龙眼人日夜缫丝，朝夕运货，男耕女织，老少并出。“傍岸人稀虾市散，隔溪波涨蟹灯微”② 正是当时景象。

人口过万的龙眼村，三圩六市，百店千家，农商并重，经济繁盛。

五

自清乾隆二十二年（1757 年）设广州为全国唯一通商口岸后，迅速崛起的广州融合中外贸易与文化，顺德人深受辐射。

人们乘船北上，怯生生踏足这座繁华都市，打工谋生，定居发展。每当春节、清明、重阳、冬至，他们带来乡村人从未见过的香烟、肥皂、糖果，更带来看似天方夜谭的神奇故事与不可思议的人物传奇，直如“海客谈瀛洲”。

当时，乡人们端详着这些出身跟自己毫无差异的叔伯兄弟。那光鲜的衣着与自信的笑容，那闻所未闻的见识与舍我其谁的时代精神，令天天手握锄头的他们心有所动。于是，每年，越来越多的年轻村民随他们的叔伯远赴广州、佛山（今禅城区）。

---

① 余祖明编纂《广东历代诗钞》卷一，第 40 页。

② 余祖明编纂《广东历代诗钞》卷四，第 316 页。

因此，看似以农耕为重的龙眼村，实则涌动着来自大都市的文化思潮，更萌生出各种产业春芽。

六

清道光二十二年（1842 年），香港开埠，南番顺（南海、番禺、顺德）乡民开始前往谋生。他们集中在港岛西端，从事海味与中药材销售。

清咸丰元年（1851 年），太平天国运动爆发。宁静的水乡兵荒马乱，大量珠江三角洲乡民乘船赴香港。政府为安置他们，着力开发西营盘，使此处成为南番顺民众聚居场所。

不久，梁敦彦祖父梁镇邦几经辗转，终于踏足这片中西文化交融的土地。

一直行走于乡村之间悬壶济世的他，深受乡民推崇，如今因战乱被迫来到这座以前依稀听说过的地方，一切从头开始。陌生感与漂泊感一下子冲散昔日的稳定与安逸。那是来自截然不同的两个社会结构的碰撞，梁镇邦深感不适。

英国统治下微妙的身份与高强度的劳动，令他痛感生活不易。每天各种巨大的挑战远非书房中纵论天下那样纸上谈兵般快意酣畅。他需学会刚柔并济与能屈能伸的处世方式。不过，顺德人温和而乐观的性格、充满商业天赋的触觉和与人为善的秉性，倒也成为梁镇邦逐渐安定下来的有力支撑。

七

当时的香港西环，大批中国人劳作其中，遇大病小痛，无处求医。这倒是梁镇邦难得的市场机遇。于是，梁镇邦在南番顺老乡人数最多的西环开设诊所。手到病除的效果和便宜地道的药材，令他声名鹊起，也为他开启一段愈发如愿的人生。

从封闭传统的龙眼村来到车水马龙的香港，梁镇邦深感两个世界的天渊之别，深刻反思人生的意义与价值。

此处虽“一半番妆一半唐”，但“夹道垂阴外国花”。管理的井然有序、街道的清洁雅致、往来人群的彬彬有礼，令他陷入强烈的文化冲击漩涡中。昔日“人之初，性本善”的熏陶与如今满眼中外并列的文字，以及中西合璧后独特新奇的文化观念与相处方式，令他既感新奇，又有点手足无措。幸好，音声相通的顺德同乡每天相伴，加上精湛的医术和高尚的品格，令他渐杏林春满，也得以在香港安家立业。不过，让子孙在香港学习成长的想法从此如故乡门口的那棵龙眼树，深深地扎根于心中，再也拔除不得。

早年的香港成为顺德人谋生的新空间——周志锋摄于 2023 年 9 月

八

家有盈余后，其子梁文锐赴南洋（东南亚）经商。

早在清乾隆二十二年（1757 年），顺德人就在今越南、泰国、马来西亚等地打工谋生，渐积财富。嘉庆三年（1798 年），乐从人就已在今马来西亚生活工作。道光二十八年（1848 年），相传美国加利福尼亚州（简称“加州”）发现金矿，大批乐从、陈村、龙江的乡亲经香港乘船抵达加州，成为当时淘金潮的先行者。咸丰（1851—1861 年）、同治（1862—1874 年）年间，人们远赴危地马拉（位于中美洲）、日本、南洋等地谋生。

梁文锐在蕉风椰雨的南洋往来经商。

纯粹的市场经济与自由平等的独立生活，令他沐浴在全新的文化洗礼中，倍感轻松与无拘，也深感家乡千年未变的陈规旧俗对人性的束缚与压制，然而，血脉中叠加的传统观念与无法割裂的亲情，尤其是熟人社会形成的舒适感与便利感，又令他们沉迷与依恋。因此，他也跟父亲一样，纠缠在中西文化、传统与现代、市场经济与小农经济的交融中，对新鲜事物既好奇敏锐又怀疑。各种交错与混杂，使他们在漫长的一生中难以寻觅到真正的个人定位。他们既希望子孙读书出仕，为官一方，光宗耀祖，又期盼他们渐积财富，腰缠万贯，自由不羁。

不过，他们因战乱而走出乡村，在中西文化交融的大时代走向他方，在残酷的市场中磨炼出沉着冷静的性格，养成坚忍前行的锐气，形成每临大事有静气的定力，更开拓出开眼望洋的沉雄开阔，深刻影响着他们的家庭氛围。

因此，他们在教育下一代时无形中将这些观念与处事方式默默传递，令他们内心镌刻上一生无法摆脱的时代烙印与文化印记，成为新旧大转折时期人们典型的文化性格。不过，梁镇邦、梁文锐父子俩也绝对没想到，自己学识的不足与视野的局限，无意识地投射到他们的掌上明珠梁敦彦的身上，竟或多或少地影响着中国近代化进程的发展方向。

第二节　无忧童年

一

小时候，梁敦彦生活在龙眼村。此地满村龙眼树，婆娑壮茂，遮阴蔽日。盛夏时节，攀上龙眼树摘龙眼，再跳进龙眼树下冰凉的河水自由畅泳打闹，剥吃龙眼，成为他们童年最难忘的快意事。

每年五月初三，人们从四面八方汇聚龙眼，带着龙舟头来到太尉庙，祈求龙眼点睛，一帆风顺。

太尉庙坐落在龙眼村石马洲，原为“相公庙”。庙前有小河一道，可供龙船（即龙舟）停泊。相公庙前后三进深，行宫、坐宫清晰分明，沉雄森严。宫内周勃大将军（西汉开国将领）有左右护法，庄严威武，令人肃然起敬。人们恭敬上香，喃喃自语，感恩一年精心护佑，禀告四季行状与内心所得，祈求周大将军继续保佑他们旗开得胜，四季平安。点睛后，他们恭敬退出，安上龙头，意气风发，飞棹游弋，继续赛龙夺锦，折桂踏鳌。

乡人精进奋发、力争上游、协力共进、共享成功的乡村文化，在梁敦彦心中镌下深刻烙印。

二

每年清明、冬至，梁氏族人都在大宗祠举行庄严的祭祖活动。目睹庄重严肃的祖先画像，童年的梁敦彦有点害怕，生怕那些不苟言笑的先祖从画卷上走下来，拖着他的手走向未知远方。但看着周围恭敬鞠躬、进退如仪的长辈，特别是跟祖先模样惊人相似的父祖辈，梁敦彦又生发出莫名的亲切感。那端庄的官服、威严的冠帽、老太太冠上垂下的珍珠，尤其是无论躲在哪里都分明盯着自己的炯炯双眸，令梁敦彦深感好奇：他们以前做什么官？为什么值得后辈如此尊重？曾祖父没有正面回答他的问题，而是说：“我们梁家人就要读好书，做大官，光宗耀祖，光耀门庭。”

古树掩映、古桥跨河的古村龙眼——李清华摄于 2022 年夏

三

每天，从家塾出来后，梁敦彦独自踟蹰在明清古桥上，打量着茂密的夏树和古朴的土地庙，凝视着畅游欢笑河中的小伙伴。此时，炊烟从每家每户中袅袅飘出，母亲到处找孩子回家吃饭的呼喊声此起彼落。宁静的乡村生活成为他一生无法忘却的美好时光。简朴、纯粹、自然的生活，一直令他着迷。然而，祠堂深处祖先的锐利目光和祖父深怀期盼的眼神，令逐渐长大和读书日深的梁敦彦变得更沉稳持重。他渐渐远离活蹦乱跳的小伙伴，常独自眺望远方。淡静、好思、谨敏，成为他一生难变的性格。

第三节　香港少年

一

1866年，梁敦彦八岁。他随祖父来到香港，学习英语。聪颖敏慧的梁敦彦读书如破竹，更在祖父严格督促下，养成自律、守时、严谨、上进的性格。

少年时代，梁敦彦考入香港中央书院。

书院创立于1862年，为香港被英国占领时期最早成立的男子官立中学。中央书院以英语为教学语言。中文校训为“勤有功”。

书院坐落于中环歌赋街，史钊域（Frederick Stewart）博士担任首任校长。当时他兼任学校督察，直至1879年3月政府另行设立教育部门管理香港学校为止。

有别于当时绝大部分学生来自本地的其他普通书院，中央书院的学生来自世界各地，成为文化交融的重要空间。

1884年，当时英国派驻香港的第九任总督宝云（Sir George Ferguson Bowen）主持中央书院新校舍奠基仪式。年方十八、求学于此的孙中山目睹整个过程。1889年，新校舍启用，地处中环鸭巴甸街及荷李活道交界，校名改为“维多利亚书院”。

1894年，校名更改为“皇仁书院”，一直沿用至今。当时该校主要教授算术、文法及常识等课程。

二

严格的管理与规范的教育，现代的学科与科学的设置，令梁敦彦逐渐摆脱传统家塾松散的教育与注重背诵、弱化理解的陈规。他在最适合培养思维能力的岁月接受规范而科学的教育，在系统的知识学习中更理性、严谨。循序渐进的启发式教学不断打开他无边的好奇内心，激发出他对事物真相与理论本质追问的盎然兴趣，他更与来自世界各地的少年英才日夜深度交流，视野变得更开阔，人也更机敏沉雅。

皇仁书院的教育宗旨：责任心、正直、兄弟情、勤奋与追求卓越；校训：勤有功。

当年梁敦彦就读的皇仁书院——余自立摄于2022年9月

梁敦彦在系统而严谨的学习中掌握扎实的现代知识，打开广阔的国际视野，为其闳深高远的志向与沉毅坚忍的性格铺上一层深深的文化底色。

梁敦彦一生坚守校训，在追求卓越中将责任心和正直无私、勤奋不怠的作风推向极致，他更在中晚年事业顶峰时期，通过同学、朋友的真情交往与深度合作，将彼此人生推向更高峰。

推行精英教育的皇仁书院学生多出类拔萃，如孙中山、廖仲恺、霍英东、何鸿燊、黄炳耀（香港大学创始人之一）等。

英俊少年唐绍仪、梁如浩、周长龄等先后与梁敦彦成为校友。后来，他们陆续赴美留学。在此后几十年间，当年同学皆成为国家栋梁，合力推动中国的现代化进程，而中西文化的系统学习、开放自由却严谨理性的学风、充满世界视角的教学模式，为他后来成为外交领域英才垒上最早一层基石。

第四节　容闳的出现

一

在皇仁书院晨昏攻读的青葱岁月里，梁敦彦并不知道一个人正为一件改变他们命运与历史的大事往来奔波。

他就是容闳（1828—1912 年）。

容闳出生于广东省香山县南屏村（今属珠海市）一户贫困农家。清道光十五年（1835 年），七岁的容闳随父前往一河之隔的澳门，几经周折，入读马礼逊纪念学校。道光二十二年（1842 年），因香港被割让给英国，学校迁香港，容闳赴香港继续求学。道光二十六年（1846 年）底，校长勃朗欲带几名出色学生一同赴美国。次年，勃朗带容闳、黄宽、黄胜起航。抵纽约后，容闳就读于孟松预备学校。道光三十年（1850 年），容闳顺利考入耶鲁大学。清咸丰二年（1852 年），容闳加入美国国籍。两年后的咸丰四年（1854 年），容闳从耶鲁大学毕业，获学士学位，成为首位毕业于美国大学的华人。

此后，容闳回国，曾任职美国驻广州公使馆、香港高等审判厅、上海海关等处，后经营茶叶生意。

清同治二年（1863 年），容闳抵达安徽安庆，拜见曾国藩（1811—1872 年）。次年冬，曾国藩委派他赴美购得先进机器回国，为江南制造总局成为中国首个洋务企业打下坚实基础。此后，他一直参与曾国藩、丁日昌开启的洋务运动。

二

洋务运动的兴起，源于清末的内忧外患。

两次鸦片战争的失败，令一直闭关锁国、自认天朝的清政府上下深感惊愕。一系列丧权辱国条约的签订，使他们深陷主权不断丢失的泥潭中，甚至逐渐走进绝望的深渊。

太平天国运动的兴起与捻军的崛起，进一步将大清王朝推向风雨飘摇的岁月。

面对束手无策的困局，朝廷任命曾国藩为两江总督，处理烽火连天的江南地区。

曾国藩虽儒生出身，却是一个从草根阶层磨砺出来的实干者。他力戒空谈，务实稳健。面对风起云涌的起义，他深感西方列强先进技术与军事装备那无所不催的威力。

作为拥有相对自主权的两江总督，曾国藩主张购买先进的军舰枪炮，更在安庆设立军械所，制造新式炮船，将“师夷长技以制夷”的理想化作手中可控的现实，开启声势浩大、切实稳健的洋务运动。

以曾国藩、李鸿章、左宗棠为首的清醒官员，致力富国强兵，推动学习西方技术，成为深具影响力的“洋务派”。

1861 年，经朝廷同意，曾国藩在安徽安庆开办中国第一家真正意义上的兵工厂——安庆内军械所。

军械所虽规模尚小，所产武器性能不足，但深具历史意义。他们“全用汉人，未雇洋匠”，网罗当时一批顶尖科学家、技术英才、能工巧匠。他们制造出中国第一台蒸汽机、中国第一艘蒸汽机轮船，成为中国依靠自身力量建立的第一个近代官办军事工业企业，更是中国近代机械工业的发端，成为中国近代工业起步的标志，也开始安庆机械工业历史。

此后，曾国藩与李鸿章创办江南制造总局，聘请洋人担任专家，但在深度交往与共同研究中，他们深感依靠外国人充当翻译的局限与不足，更痛感面对大量技术资料不识外文的困拙与无助。1867 年，曾国藩奏报朝廷，建议设立中国第一家翻译馆，聘请中外学者，翻译西方科技书籍与资料。同时，他们愈发感到洋枪洋炮虽可救一时水火，却无法保障国家长治久安、不受欺凌。

三

容闳的出现，正好纾解他们久藏心中的困惑。

1867 年，容闳陪同曾国藩视察江南制造总局，趁机建议在总局旁设一所兵工学校，招收中国学生，为国家培养专业人士，深得曾国藩赞赏。

备受鼓舞的容闳将深埋心中的派遣留学生计划向丁日昌（1823—1882 年）叙说。

丁日昌为广东省丰顺县（今属梅州市）人。早年中秀才，曾任江西万安、庐陵知县。他曾为曾国藩的得力幕僚。如今，丁日昌已是江苏布政使。从秀才到一方实权人物的丁日昌，目光开阔，思想开明。两人就此事深谈细论，更为觅得未来国家富强道路振奋不已。

丁日昌嘱咐容闳将构想整理成文，更将选派聪颖青年出洋留学以为国家储备人才的计划细化为各种规则，例如：

> “派遣之法，初次可先定一百二十名学额以试行之。此百二十人中，又分为四批，按年递派，第年派送三十人。留学期限定为十五年。学生年龄，须以十二岁至十四岁为度。视第一、第二批学生出洋留学著有成效，则以后即永定为例，每年派出此数。派出时并须以汉文教习同往，庶幼年学生在美，仍可兼习汉文。至学生在外国膳宿入学等事，当另设留学生监督以管理之。此项留学经费，可于上海关税下，提拔数成以充之。”

丁日昌计划将文稿送给瓜尔佳·文祥（1818—1876 年）。瓜尔佳·文祥为满州正红旗人，道光二十五年（1845 年）进士，历任工部主事、内阁学士、署刑部侍郎、军机大臣等职，此时为武英殿大学士，积极推动洋务运动。瓜尔佳·文祥对当时朝廷的外交、教育、军事贡献深远且影响举足轻重。文稿刚送给瓜尔佳·文祥，恰逢其母去世，匆匆返乡的他三个月后也撒手人寰。出师未捷，丁日昌与容闳只得相对长叹，相互安慰：好事多磨。

四

三年后（1870 年），天津教案爆发。容闳作为翻译陪同曾国藩、丁日昌等北上赴津门（天津的别名）处理此案。此时，容闳旧事重提，恳请丁日昌向曾国藩提出留学计划。

教案事件，摩擦由来已久。清同治八年（1869 年），天津的法国传教士在三岔河口区域建教堂，拆除道观、望海楼与民房店铺，使百姓无家可归，怨声载道。部分法国传教士与地痞一道欺压民众，致民怨沸腾。1870 年，法国天主教仁慈堂收容中国儿童，后因瘟疫暴发，儿童死亡日增，将亡童葬于河东盐坨地，潦草马虎，引起民愤；后因儿童迷拐事件频出，牵涉教堂，一时民情激忿。天津知县刘杰带拐人犯到望海楼教堂印证。门前民众与教徒冲突，法国驻津领事丰大业向刘杰开枪，伤其随从，民众火烧望海楼，朝野震动。

在处理这件极为棘手的外交事件的过程中，容闳流利准确的翻译与游刃有余的应对，令曾国藩深感惊叹，更慨叹中外文化的隔膜与学习西方文化技术的迫切。

此时，容闳向曾国藩提出留学计划。天时地利，恰到好处，正中曾国藩下怀，立马得到其赞同。

第五节　推动留美计划

一

心怀强国梦想却久为中外文化冲突所困的曾国藩、李鸿章对此事深入探讨，1871年，他们联名向同治皇帝上奏《选派幼童赴美肄业办理章程》。

当时朝廷大臣们认为："或谓天津上海福州等处已设局，仿造轮船枪炮军火。京师设同文馆，选满汉子弟延西人教授。又上海开广方言馆，选文童肄业，似中国已有基绪，无须远涉重洋。"针对此类闭目塞听的主流观点，亲历一线，与外国使节、专家面对面交流过的曾国藩、李鸿章不敢苟同。他们委婉却坚定地指出："不知设局制造，开馆教习，所以图振奋之基也。远适肄业，集思广益，所以收远大之效也。"

他们非常清楚中西文化与教育的巨大差异，认为："西人学求实济，无论为士、为工、为兵，无不人熟读书，共明其理，习见其器，躬亲其事，各致其心思巧力递相授师，期于月异而岁不同。"

他们深感纵论仁义、闭目塞听的腐儒老生祸国殃民，指出：

> "中国欲取其长，此中奥空，苟非遍览久习，则本源无山洞彻，而曲折无以自明。古人谓学齐语者，须引而置之庄岳之间。又曰：百闻不如一见，此物此志也。况诚得其法归，而触类引伸，视今日所为孜孜以求者，不更扩充于无穷耶？"

二

曾国藩、李鸿章为她们设定、落实选人与培养方法：

> "拟派员在沪设局，访选沿海各省聪颖幼童，每年以三十名为率，四年计一百二十名，分年搭船赴洋在外国肄习。十五年后，按年分起挨次回华。计回华之日，各幼童不过三十岁上下，年力方强，正可及时报效。"

学习时间与归国年岁的清晰设定，可谓深谋远虑。

他们也将福建、广东、浙江宁波等地将弟子送洋读书的例子作为借鉴：“闻前此闽粤宁波子弟，亦时有赴洋学习者，但止图识粗浅洋文洋话，以便与洋人交易为衣食计，此则人选之初宜慎。”仅能简单交流，藉以谋生，并非他们培养留美幼童的初衷。

因此，他们设定管理和培训方法与对未来的期许：

> “至带赴外国，悉归委员管束，分门别类，务求学术精到，又有翻译教习随时课以中国文义，俾识立身大节，可冀成有用之材，虽未必皆为伟器，而人材既众，当有瑰异者出乎其中，此拔十得五之说也。”

由相随委员管理，专精学科，又时习传统道义，为当初设计的教育方向。反观历史，他们的预见十分精准。留美幼童都进入美国学校，坚忍奋进、成就卓越者确实“十得五”。这与形势和个人价值观的改变有关，实则也正好满足他们当初的意愿。

他们派出的学生深造方向十分清晰：“拟选聪颖幼童，送赴泰西各院，学习军政、船政、步算、制造诸学，约计十余年业成而归，使西人擅长之技，中国皆能谙悉，然后可以渐图自强。”选择悟性高者学习最迫切的学科，以十余年时间，精通熟习，以求自强。

朝廷最高层的决策，令留美计划得以落实——李清华摄于 2023 年夏

垂帘听政的慈禧、慈安两位皇太后审阅后，深感欣悦，也觉得大清有救。但她们绝没有想到，三十年后，大清就在历史汪洋中迅速沉没。可见她们对自身实力过分乐观，对世界发展趋势的判断失误。

她们马上批给总理各国事务衙门（简称“总理衙门”）复议。总理衙门与曾国藩、李鸿章反复修改奏稿，9 月 5 日再呈皇太后，9 月 9 日获批准办理。

为令两位皇太后更安心，总理衙门还将《蒲安臣条约》即《中美续增条约》中的第七条列入其中：

“嗣后中国人欲入美国大小官学，学习各等文艺，须照相待最优国人民一体优待。”

三

在选择人才和经费筹集上，他们也有充足的心理准备：

“盖聪颖子弟不可多得，必其志趣远大，品质朴实，不牵于家累，不役于纷华者方能远游异国，安心学习，则选材难。国家帑项岁有常额，增此派人出洋肄习之款，更须措办，则筹费又难。凡此二者，臣等亦深知其难，第以成山始于一篑，蓄艾期以三年。

上海设局，经理挑选幼童派送出洋等事。拟派大小委员三员，由通商大臣札饬在于上海、宁波、福建、广东等处挑选聪慧幼童年十三四岁至二十岁为止。

曾经读中国书数年，其亲属情愿送往西国肄业者，即会同地方官取具亲属甘结，并开明年貌、籍贯、存案，携至上海公局考试，如姿性聪颖并稍通中国文理者，即在公局暂住，听候齐集出洋，否即撤退以节糜费。

选送幼童，每年以三十名为率，四年计一百二十名驻洋肄业。十五年后，每年回华三十名，由驻洋委员胪列各人所长，听候派用，分别奏赏顶戴官阶差事。此系官生，不准在外洋入籍逗留，及私自先回，遽谋别业。”

在两宫皇太后、曾国藩、李鸿章的心目中，这批精通西方技术的未来精英进入官僚系统后，围绕“中体西用”为核心，保持现行体制、纲常、文化、伦理基本不变，则可令大清王朝日渐自强，不再屡受外力欺压，更保持主权完整，延续千秋万代。

四

从具体落实的细节中可看出曾国藩、李鸿章内心对幼童的呵护和严厉。他们的内心更充满期许与憧憬：

“赴洋幼童学习一年，如气性顽劣，或不服水土，将来难望成就，应由驻洋委员随时撤回，如访有金山地方华人年在十五岁内外，西学已有几分工夫者，应由驻洋委员随时募补以收得人之效，临时斟酌办理。

赴洋学习幼童，人学之初所习何书，所肄何业，应由驻洋委员列册登注，四月考验一次，年终注明等第详载细册，赍送上海道转报。”

作为一项重点国家人才计划，他们对幼童的学习进度与质量的关注，足见其细致与严谨，而有关人员可随时撤换不成才的幼童，可见他们对成才质量的重视。

“驻洋正副委员二员，每员每月薪水银四百五十两，翻译一员，每月薪水银一百六十两。每年驻洋公费银共约六百两，以备医药信资文册纸笔各项杂用。正副委员、翻译、教习、来回川费每员银七百五十两。”

当时七品官月收入约为 40 两白银，加上俸米 200 斤，而陪同留学的翻译人员也高达 160 两。这并非是朝廷给他们官高禄厚，而是当时官员们皆不愿背井离乡，故特设厚禄作为鼓励和补偿。

“幼童来回川费及衣物等件，每名银七百九十两。幼童驻洋束修、膏火、屋租、衣服、食用等项，每年计银四百两。每年驻洋委员，将一年使费开单知照上海道转报。倘正款有余，仍涓滴归公，若正款实有不足之处，由委员随时知照上海道禀请补给。每年驻洋薪水膏火等费，约给库平银六万两，以二十年计之，约需库平银一百二十万两。”

从费用的支出可以看出他们对国外经济与消费认识的不足，以及保存大国颜面的心理，而大笔经费的投入与朝廷困绌的财政体现出他们对这批幼童的厚望。

虽然留学事宜获得朝廷批准，但与容闳当初的设想并不一致。他内心期待的是学习西方文化与制度，改变中国的思想、文化、技术、体制，以建设一个富强且朝气蓬勃的国家。微妙的差异，实则是两种文明培养下不同的文化认识与对世界愈为南辕北辙的理解，但他们希望国家富强的一致性，却在大时代中意外地形成合力，促成这件石破天惊的历史大事件。

五

当时的招生要求十分严格：凡肄业学生，必须身家清白、品貌端正、禀赋厚实、资质明敏者方可入选。凡挑选以年在十岁至二十岁为率。凡十岁至十四岁者，文理略通即可入选。凡十五岁至二十岁者，须中国文通顺及粗通洋文，略解翻译者，方可入选。

江苏的反应比较冷淡，120 名幼童中，只有 22 人来自江苏。在人们心目中，大清王朝是天下中心，富庶美丽，其他地方都是落后无知的蛮夷地。清末的中国岭南，大多数人对美国的认识仍来自充满传说色彩的“旧金山”“花旗参”。对于流传乡间的“番鬼佬”，人们更多地将他们描述成红须绿眼、生吞活剥小孩的妖魔。人们甚至将外国人模样刻成石雕，放置祠堂上，代替鬼神，震慑不祥。

容闳带着招收学生的朝廷重任和内心满载的梦想兴冲冲回到家乡。他首先来到富裕人家。他们对他的邀请断然拒绝。因为，他们要求小孩读四书五经，金榜题名，光宗耀祖。辗转来到小康家庭，他们则期待小孩传宗接代，延续烟火。

容闳只能走进寒素家庭中。很意外，他们竟热烈回应这个项目。他们经过太平军、红巾军、官军、民团的拉锯战，留下满目疮痍的深深伤痕，对生活并不抱太大期待，而家中食指日繁，未来困顿。如今竟有此等好事，特别是看到同乡容闳，彬彬有礼，言谈有据，他又是远亲旧朋后代。他们信任有加，纷纷报名参加。这让容闳大喜过望，又深有感触。

为完成招生目标，容闳继续南下，来到香港。

同治十一年（1872 年），三位影响中国近代历史的广府人先后来到香港。

六

这一年，容闳四十四岁，梁敦彦十四岁，詹天佑［祖籍今江西省上饶市婺源县，出生于广东广州府南海县（今广州市荔湾区）］十一岁。他们并不知道，中国纷乱的近代历史却因他们的出现添上几页理性而亮丽的篇章。

得知招生消息后，梁镇邦深感欣悦。他深知这是孙子梁敦彦千载难逢的机会。

他让梁敦彦书写春联："接物谦恭、修业勤慎"后，请马进崖带梁敦彦来到上海参加考试。在香港学习英语多年的梁敦彦沉着应试，势如破竹，获"一班第一名"，入选第一批留美幼童。同一批参加考试的还有家在今广州市荔湾区恩宁路的詹天佑、来自今珠海市唐家湾的唐绍仪、来自今珠海市拱北岭北村的蔡绍基、来自江苏省嘉定县（今上海市嘉定区）的牛尚周、来自今珠海市南屏镇的张康仁等。

经过六个月系统训练，1872 年 8 月 11 日，梁敦彦等 30 名幼童同乘轮船，开启人生新征程。

七

站在渐渐远去的轮船甲板上，第一次离开祖父的梁敦彦独自眺望浑浊翻涌的江水。此时，孤寂突然如海水从四面八方涌来，迅速淹没这位有点沉默但目光炯炯的十四岁少年。

此时，同船的小友蔡绍基（今珠海市人）、欧阳庚（今中山市人）、何廷梁（顺德人）、钱文魁（今上海市人）、詹天佑、钟文耀（今中山市人）度过暂短的寂寞与恐慌后，开始彼此交流。毕竟，他们都是青葱少年，海上新奇的景象与轮船新鲜的结构，逐渐冲散他们的不快与迷茫。

他们并不知道，这次看上去有点前路未卜的航行，却是中国向西方学习先进文化技术的开始，更开启中国近代留学美国先河。

他们更不知道，曾国藩已在五个月前撒手人寰。这位一手推动留美幼童计划的曾国藩经过"天津教案"，心力交瘁，含恨离世。

他曾对这个开启山林的计划高度评价，称为"中华创始之举，古今未有之事"，可谓中肯准确，意味深长。

曾国藩的去世，如同一道令人稍感不安的符咒，贴在李鸿章、容闳的内心，无法撕下。他们除却直接感受到永远失去一个重要的支持力量外，突然领悟到一个时代确实需要一位智者：他镇定、宽容；他胸有成竹，笑对风云，但曾国藩的去世，也印证一个时代的已然消失。

他们远去的航道，也因这位掌舵者的逝去而显得有点漂泊。

如今，他无法听到承载幼童们远赴美国的客船那长长的鸣笛声，但黄浦江的浪涛却冲刷出一个即将展现的新时代。

第二章
留学美国

第一节　备受瞩目的中国男孩

一

清同治十一年农历七月三十日（1872 年 9 月 14 日），经过三十五天的海上漂泊，留美幼童终于来到圣弗兰西斯科（San Francisco）。华侨称此地为“三藩市”，又称“旧金山”。

此时，三十名幼童身穿“蓝绉夹衫，酱色绉长褂子，缎靴”登上这片新奇的土地。他们的登场，立即引起美国当地人的好奇和围观。

据次日的《纽约时报》报道：昨天到达的三十位中国学生都很年轻。他（她）们都是优秀的有才智的淑女和绅士，并且外表比从前到访美国的同胞更整洁。

美国人误认为他（她）们中有淑女，或许源自这些幼童长长的辫子和宽袍大衫的装束，以及清秀的脸庞和温雅的举止，而后面的那句点评，折射出大批早年来自乡村满脸污垢的草根中国人那难以抹去的深刻形象。

因为，旧金山也是大批中国人登陆的城市。

1848 年，人们在加州发现黄金，引起全世界淘金热潮。大批来自珠江三角洲的中国人连同世界各地民众漂泊万里，来到这里披沙沥金，寻求财富与人生。

二

在那些蜂拥而至的中国人中，有几位顺德人值得一提。

乐从镇良教村人黎普泰（1817—1893 年）在加州淘金狂潮期间（1848—1855 年）远赴美国，行医于异乡。

黎普泰精通中医，全心全意为同乡医治疾患。

作为第一位来到美国的中医，他在华侨中深受信赖。1854年4月，黎普泰在《金山日新录》中刊登中医馆广告。他的外甥——龙江镇里海吉原坊人谭富园（1855年出生），在当时中国中医最高学府“北京太医院”肄业后，于1890年来到美国，与舅舅一道在旧金山行医。他后来在南加州列连镇创立“容富医局”，专治奇难杂症，成为一代名医。1895年，应患者要求，容富医局迁往洛杉矶。他著有《东方医学之真义与方法》传世。

在几十年内仍涌动不绝的赴美劳工中，乐从人曾桂鹏颇为传奇。当时，正值美国南北战争（1861—1865年），他积极投军，在亨利·纳利（Henry Naglee）将军帐下转战南北，成为有史可查的参加南北战争的中国人。

他后到哥伦比亚的哥浪（Colon）经营酒业。1888年，中国驻美公使张荫桓（1837—1900年）委任曾桂鹏出任副商董，负责处理华侨事务。张荫桓成长于佛山，曾任京官，后出使美国，在戊戌变法中甘居幕后，贡献良多。

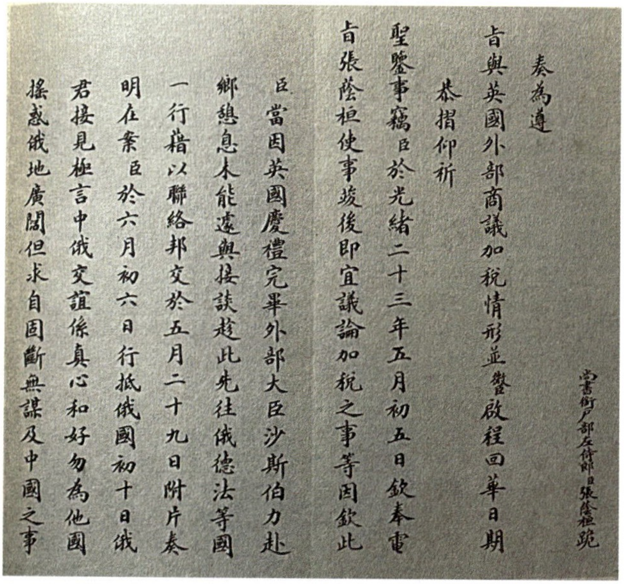
尚書銜户部左侍郎臣張蔭桓跪
奏為遵
旨與英國外部商議加税情形並聲敘程回華日期
恭摺仰祈
聖鑒事竊臣於光緒二十三年五月初五日欽奉電
旨張蔭桓使事竣後即宜議論加税之事等因欽此
臣當因英國慶禮完畢外部大臣沙斯伯力赴
鄉憩息未能遽與接談趁此先往俄德法等國
一行藉以聯絡邦交於五月二十九日附片奏
明在案臣於六月初六日行抵俄國初十日俄
君接見極言中俄交誼係真心和好勿為他國
搖惑俄地廣闊但求自固斷無謀及中國之事

张荫桓信札——图片来源：李穗梅主编《邓又同捐赠 广州博物馆藏近代名人手札翰选》，广州：花城出版社，2003年，第144页。

不过，美国人所见的中国人，更多是居住在简陋的房舍中，疲惫的劳工。这批由大清帝国派遣的英俊少年，自然跟平时所见的华侨有天壤之别。因此，他们充满新奇的议论在旧金山社会中泛起一阵轻快的热潮。

第二节　中外文化的差异与接受

面对旧金山高耸入云的摩天大厦与川流不息的公共汽车，从小就在家乡低矮小屋生活和撑船过渡的留美幼童们目瞪口呆。神奇的水龙头、电铃、升降电梯，对于用柴火做饭、割草养鱼的他们来说，简直不可思议。完全相异的人群、语言、衣衫、举止，令他们几乎无所适从。他们只得充满好奇却略显惊慌地跟随同样略显迷茫的领队陈兰彬。

陈兰彬（1817—1895 年），字“荔秋”，亦作“俪秋”，广东省吴川县（现为县级市，由湛江市代管）黄坡人。陈兰彬博学多才，清咸丰元年（1851 年）中举，咸丰三年（1853 年）中进士，为翰林院庶吉士，充国史馆纂修，后任刑部候补主事。咸丰十年（1860 年），母病返乡，任教高州（现为县级市，由茂名市代管）高文书院，作育英才，素获清誉。后入曾国藩幕僚，出谋划策，沉着稳健。同治九年（1870 年），曾国藩力荐他以太常寺正卿衔任留美学生委员，与副委员容闳合订《挑选幼童前赴泰西肄业章程》十二条。

作为留学生监督，他率第一批幼童 30 人来到美国这片从未谋面的异域。

从传统教育中一路过关斩将的陈兰彬此时已五十五岁。功成名就的他在几十年的成功人生经历中深信来自《十三经》[①] 那圣人思想的价值观念。同时，他更坚信天朝大国的辉煌鼎盛是正人心、开圣道。这位“至美国以前，足迹不出国门一步”的翰林学士尽管并不守旧，但如今面对满街奇装异服、并肩拥抱的男女，目睹铺天盖地的广告，感受到无处不在的香水气味，一时也难以接受。但看着瞪大新奇双眸的孩子们，他深感困惑，不知如何适应这两种巨大差异。他的内心莫名涌起唐代诗人郑谷的一句诗：“数声风笛离亭晚，君向潇湘我向秦。”

一脸严肃的陈兰彬与满脸新奇的幼童之间形成巨大反差。这种反差正好是新生的现代大国崛起与日渐没落的封建帝国的倒影。这个倒影一直伴随着他们从文化、思想、制度的误解、偏见、矛盾、冲突到最后不可回旋、分道扬镳。

---

① 指南宋时期形成的十三部儒家经典，为历代儒客文人推崇，分别是《易经》《尚书》《诗经》《周礼》《仪礼》《礼记》《春秋左传》《春秋公羊传》《春秋谷梁传》《孝经》《论语》《孟子》《尔雅》。

曾国藩一生精明睿智，目光如炬。他看重陈兰彬的聪颖稳健，却忽略陈兰彬年龄上的劣势。已过知天命之年的陈兰彬实也难以一时接受这些来自大洋彼岸、充满蓬勃野性的异域文化。那是如此远离彬彬有礼，那是如此放荡不羁，到处都推崇竞争平等。这对于一位大半辈子生活在传统文化与秩序中的庶吉士来说，实在很是残酷。

第三节 走进美国家庭

一

此时，幼童们坐上火车，横跨美国大陆。

火车的出现，源于1804年的英国。当时，矿山技师德里维斯克利用瓦特的蒸汽机造出世界上第一台蒸汽机车。它虽仅能牵引5节车厢，时速仅为5千米，但从此改变人类交通历史。1820年，英国人史蒂芬森发明更先进的蒸汽机火车，因用煤炭或木柴作为燃料，人称“火车”，后风靡世界。如今，火车已在美国大陆纵横驰骋。

目睹窗外飞快的景物和连绵不断的大草原及飞奔的马群，幼童们兴奋异常。已经进入铁路时代的美国快速崛起。钢铁、机械、车轮、火车、电报、电话，这些前所未有的现代化设施与交通工具，令美国进入快车道，而幼童们刚好与这个朝气蓬勃的时代迎面相遇。速度、高效、激情、憧憬，成为这个新兴国家的主旋律，也深深嵌入这些正处于发育期的幼童内心，化作他们生命沃土上的无数种子，在未来人生旷野中破土拔节，吐芽生花。

七天后，他们来到康涅狄格（Connecticut）河畔的春田城。康涅狄格河源自新罕布什尔（New Hampshire）州北部康涅狄格湖。它蜿蜒南流，经马萨诸塞州（Massachusetts）、康涅狄格州，注入长岛海湾（Long Island Sound），流进大西洋。

二

在幼童们赴美国留学前，李鸿章与美国驻华公使镂斐迪（Frederick F.Low）在天津会晤。李鸿章积极推进项目细节的落实，还期待如果对方感兴趣，可在适当时候将此报告交付政府，保证学生安全和获得各种照应。深感此事意义重大的镂斐迪积极沟通，后美国国务卿汉密尔顿·费什（Hamilton Fish）表示，此事对于两国民众深具意义，更会加深两国友谊。

此前一直为留学事情殚精竭虑的容闳，已提前驰书耶鲁大学校长诺阿·波特

（Noah Porter），细述这批幼童未来的国家定位，更期待他们能在军事、航海、医学、法律、建筑等领域得到系统深造。同时，他也希望能将小孩分散到不同家庭，让他们与美国家庭成员一起生活，获得更原生态的成长。

波特校长向康涅狄格州教育局局长诺索布告知这一信息，局长马上向市民发出这一公告，立即引起市民热烈欢迎。他们纷纷报名，超过一百个家庭愿意接受中国幼童入住家中。他们大多为纯粹而正直的知识分子，能为这些小孩提供住宿、学习、交流，他们深感荣幸。

目睹这一热烈场景，陈兰彬深感不解，隐隐不安。

三

不久，中国留学事务局大楼在哈特福德（Hartford）落成。哈特福德是康涅狄格州首府，为美国古老城市之一，此时已是美国金融保险业之都。大量银行、保险公司总部设立于此，号称美国人均最富裕城市。

早在 1639 年，康涅狄格州率先创立基本法，确定每位公民均拥有选举权。基本法的设定，为人们的权利、平等、财富、生命提供法律保障，更为社会发展、进步提供共同信仰。此处的社会氛围与文化积淀，尤其是追求公正与平等的思想，成为梁敦彦一生成就的珍贵精神基石。

四

幼童们无论出现在城市的哪个地方，都会引起当地人无比的好奇。

> “当幼童们春天在当地旅馆用餐时，就被邻桌的一个美国女人打断了。她站起来，一言不发地走向这些中国孩子，然后开始神情恍惚地抚摸他们的辫子。几天后在游览哈特福德时发生的事情就没有那么好笑了，美国儿童沿街追着他们，互相推推搡搡，以便把来到他们这儿的这些奇怪的新人种看得更清楚。[1]”

在学校，同学们常讥笑他们是中国女孩。困苦不堪的他们请求改换衣服，但

① ［以］利尔·莱博维茨、［美］马修·米勒：《幸运儿：晚清留美幼童的故事》，李志毓译，文化发展出版社，2019 年，第 101 页。

陈兰彬深觉不妥。经过容闳的反复解释，陈兰彬同意幼童们改穿套装，但辫子必须留下。陈兰彬反复强调，辫子是忠诚的象征，不可剪去。

五

梁敦彦进入巴特拉夫人家。巴特拉夫人是容闳挚友大卫·巴特拉的遗孀。“巴夫人学问精通，视梁敦彦为己出，照顾颇周到。梁敦彦夜间温习功课，遇有疑问之处，必请教于夫人，巴夫人无不一一详为指教。且选英文中高尚小说嘱咐梁敦彦用心浏览，文字之外，于书中高尚人物品行，尽力进学劝勉。初抵美时，同学中能操英语者仅梁敦彦一人，后又跟从巴氏长女玛丽（Mary Bartlett）学习英语，半年后就操英语和那些美国人一样了。”[①] 巴特拉夫人的三个女儿自然成为梁敦彦的日常生活习惯导师。三女儿玛丽·巴特拉常纠正他握刀叉的手法和进餐礼仪，细致引导他学习各种进退礼仪。聪敏踏实的梁敦彦闻一知十，举一反三，常令他的美国小老师惊喜不断。后来，梁敦彦成为国外官员商人最喜欢结交的中国人。早年的熏陶确实潜移默化，令他在举手投足间恰到好处地嵌入彼此礼节中的微妙处，不可言喻，但令对方心领神会。

“在中学时，祖父梁镇邦故去了，梁敦彦痛不欲生，幸亏巴氏家人时时劝勉，得以安慰精神。”[②] 梁敦彦在充满关爱的家庭氛围中健康成长，更与巴特拉夫人一家结下深厚的感情。

近四十年后的 1911 年，出任外务大臣的梁敦彦邀请玛丽·巴特拉姐妹在中国访问一年。她们很高兴地看到当年这位沉默而聪明的小孩神态依旧，却已成为沉稳温雅、内心坚定的国家栋梁。

与那些喜欢玩闹的同伴不同，喜欢独自思考的梁敦彦善于自我改正，不断寻求完善。

与他相似的是詹天佑。詹天佑聪颖敏慧，勤奋自律，尤其在数理科技方面显

---

① 裴燕生：《从〈顺德梁崧生尚书生平事迹草稿〉（手抄本）看清外务尚书梁敦彦早年事迹》，《档案学通讯》2007 年第 1 期。

② 裴燕生：《从〈顺德梁崧生尚书生平事迹草稿〉（手抄本）看清外务尚书梁敦彦早年事迹》，《档案学通讯》2007 年第 1 期。

示出卓越天赋，他们成为无话不说的挚友。

左撇子的梁敦彦，在用餐、书写上有诸多不便，但用坚忍的意志克服这天生特性。后来，他竟成为所向披靡的棒球队主将。

自律、自警、自励的梁敦彦，一直铭记祖父的嘱托：出人头地。他更无法忘怀父母那深情的双眸与期盼的目光。

第四节　马克·吐温是邻居

一

梁敦彦入读哈特福德高等小学时已十四岁，因成绩突出，一年便毕业，顺利升入哈特福德中学。

聪颖沉稳而勤奋上进的梁敦彦虽为出类拔萃的学生，但他内心仍无法忘却祖父送给他的玉镯上那四个端庄大字：谦恭勤慎。

入读中学后，梁敦彦用英文在同学册上写下一首诗歌："我是一只小猫 / 我是一只可爱的小猫咪 / 我的名字叫超棒灰灰虎 / 我的眼睛黑褐相加 / 我的皮毛柔软如丝 / 我喝的是满满一碟牛奶 / 在每个白天和夜里。"[①] 流利规范的语法与地道清新的表达，呈现出充满稚气的小孩对生活的好奇与思考，也折射出梁敦彦快速有效的学习能力与出色的语言运用才能。

这只可爱而超级棒的小灰猫，在学业上游刃有余，每天喝着牛奶，茁壮成长。

二

按照规定，幼童们必须在留学事务局系统学习传统经典：《四书五经》《国朝律例》《圣谕广训》。这些在传统中国司空见惯的经典读物，在大洋彼岸响起朗朗书声，常引起好奇的美国人踮脚偷看。只见那些小孩摇头晃脑，齐声朗诵，稚嫩的脸庞上闪动着不为人知的成熟感，跟刚才操场上奔跑时的满脸大汗大相径庭。这些美国人无法想象：西方的现代知识、活泼的生活方式和传统的中国经典、严格的皇帝训导如何交融碰撞，构成他们最深沉的生命底色？

"人子欲报亲恩于万一，自当内尽其心，外竭其力，谨身节用，以勤服劳，以隆孝养。

自古盛王之世，老者衣帛食肉，黎民不饥不寒，享富庶之盛而致教化之

① 钱钢、胡劲草：《留美幼童：中国最早的官派留学生》，文汇出版社，2004 年，第 92 页。

兴，其道胥由乎此。

然学校之隆，固在习教者有整齐严肃之规，尤在为士者有爱惜身名之意。

士品果端而后发为文章。非空虚之论，见之施为；非浮薄之行，在野不愧儒者，在国即为良臣，所系顾不重哉！”

这些看似遥远的圣谕，在孩童们心目中是如此不知所云，甚至有点滑稽可笑。但他们总是强忍笑声，跟着老师一本正经地朗声诵读。他们并不晓得，这些干巴巴的圣谕随他们的朗读声不知不觉地深深埋在内心。

几十年后，当年的圣谕与后来的科学知识竟融会贯通，化为他们行动的无形指引：对内孝顺长辈，恭顺谦和；对外精忠报国，砥砺奋进；对上忠诚冷静，知恩图报；对下平等公正，追求本真。启蒙教育竟能如此深入灵魂化作愈久弥坚的信念，成为他们坚守的理念。

在登上历史大舞台后，他们兴学校、端风气、引科技、改制度。他们一生都在不同文化所构成的空间中奋力挣脱与积极奔走，也绘出一张充满活力却不无悲怆感的近现代中国变革地图。

三

在梁敦彦等幼童进入学校精心研读的四年前，即 1868 年，大作家马克·吐温（Mark Twain，1835—1910 年）就已定居此地。

马克·吐温原名萨缪尔·兰亨·克莱门（Samuel Lang horne Lemens）。出生于美国密苏里州（Missouri）佛罗里达（Florida）的乡村，父亲是贫穷律师。从上学起，他就不时打工，帮补家用。十一岁时，父亲去世。他从印刷厂学徒开始，当送报员、排字工，后在密西西比河（Mississippi River）上当水手，任舵手。

一直在困苦中挣扎的马克·吐温从未放弃创作。1865 年，三十岁的他终于迎来人生转机，其幽默故事《卡拉韦拉斯县驰名的跳蛙》（*The Celebrated Jumping Frog of Calaveras County*）闻名全国。从此，约稿不断。1872 年，他出版《艰苦岁月》（*Roughing It*），反映西部新开发地区的生活，充满美国独有的幽默感，风行一时。

“对于中国留学事务局来说，马克·吐温不只是一个大作家，他是哈特福德幼童们的邻居，是留学事务局的好朋友。他的住处今天已成为著名的博物馆……

‘马克·吐温小屋’和中国‘留美幼童’当年住过的地方、读书的学校原来仅隔三两个街区……当年中国幼童常到这里，和马克·吐温的女儿跳舞。”[1] 因为，他们不仅是邻居，其中一位幼童容尚谦更是马克·吐温两位女儿的同班同学。

此时，他与幼童们迎面相遇。幽默平和的马克·吐温马上成为他们的好朋友，更因住所相近，成为无话不谈的忘年交。

自小经历磨难的马克·吐温，形成乐观、幽默、化难为简、积极向上的性格。而他丰富的人生经历与透彻的人生价值，常在不经意的话语中轻松消解幼童们成长的烦恼，更引导他们朝着温和、坚忍、乐观、积极的方向前行。马克·吐温的作品成为伴随幼童们一生的伙伴。如今佛山市南海区博物馆的詹天佑展区内，《汤姆索亚历险记》（*The Adventures of Tom Sawyer*）、《在密西西比河》（*Life on the Mississippi*）等昔日摩挲把玩的书籍仍存，可看出马克·吐温对他的深刻影响。

四

1852 年就发表《汤姆叔叔的小屋》（*Uncle Tom's Cabin*）的哈丽叶特·比彻·斯托（Harriet Beecher Stowe，1811—1896 年）当时也定居此处。1901 年，林纾（1852—1924 年）翻译此书时，将书名改为《黑奴吁天录》。名闻欧美的哈丽叶特·比彻·斯托与留美幼童们交往日深。哈丽叶特·比彻·斯托真诚热情、性格坚强、处事冷静，深具博爱精神，令活蹦乱跳的小孩从她身上感受到一种非常特别的安静与慰藉。她对完美生活的不懈追求与对道德观念的坚守，尤其是对儿童充满天性的慈爱，令幼童们感受到一种特殊的母爱气息。那是一种超越寻常着眼于琐屑杂事的母亲特性却具有独特高贵气息的特质。哈丽叶特·比彻·斯托对生活细节的敏锐感知与道德修养的自觉完善，令幼童们受益终身。

马克·吐温深有感触地回忆：“有幸跟哈丽叶特·比彻·斯托成为邻居，并陪伴她走到人生的终点。她是我写作上的启蒙者，更是我生活中的好朋友。她的作品引领了废奴文学的兴起，更唤醒了社会平权意识。”

这种感触，也可转移到幼童们身上。她成为他们的好朋友，更引发他们对平等、公正、自由、抗争的深刻思考与不懈追求。

---

① 钱刚、胡劲草：《留美幼童——中国最早的官派留学生》，文汇出版社，2004 年，第 89 页。

第五节　茁壮成长

一

逐渐长大的幼童们以传统书生寒窗苦读的精神攻读所有课程。他们努力将自己培养成身体强壮、具有领袖能力、充满亲和力的现代青年。他们很清楚，朝廷派他们到美国，就是要他们成为天朝大国的栋梁干才。因此，他们上午勤奋学习；下午在图书馆潜心攻读，或参加油画、音乐、舞蹈、拳击培训；傍晚在运动场上叱咤风云；晚上，又回到宿舍，精心复习。

他们以出类拔萃的成绩不断超越美国同学，更以温雅谦和的风度引得美国女孩子频频邀请他们当周末舞伴。

一直观察他们行为举止的推切尔牧师十分清楚他们的未来。他写道："他们将会在他们的政府和社会中扮演重要的角色。他们将比他们同辈中任何年轻人更有自觉的爱国责任心，将来激发自己为祖国工作。"①

陈兰彬目睹这些充满稚气、身穿长袍，有点怯生生的小孩长大成人，一身蓝色法兰绒西装和干净挺拔的白衬衫，聪颖、阳光、自信、活泼，跟传统乡村从家塾走出的那种恂恂如也、似不能言的少年大相径庭。

他们有清晰的逻辑、自如的表达、丰富的知识、严密的推理，对事物真相充满追问不舍的精神，不断摆脱因观念、等级、秩序、人情而折中、偏离、妥协的文化惯性，令他们显得朝气蓬勃。所有这些都令陈兰彬这位翰林学士所难以接受。他要培养的是精通技术、遵循道义且言听计从的士大夫，不需要意气风发的意见领袖。因此，他总是皱着眉头凝视着这群唱着英文歌、并肩走向运动场的小伙子。他常摇头叹息，更上书李鸿章，历数他们的离经叛道、放肆狂野，但李鸿章非常清楚：国家需要的是精通军事和机械知识的国家英才，衣衫不合陈规，行为不遵古道，皆微不足道。

① 钱刚、胡劲草：《留美幼童——中国最早的官派留学生》，文汇出版社，2004年，第92页。

二

幼童们其实处于几种不同的文化空间中。

他们既要肩负朝廷交付的学习重任，又要完成学校的教学与活动，更需融入当地的文化与传统。他们虽按规矩完成传统经典的诵读，却没有进行完整而系统的儒家典籍学习，令他们在日后回国的岁月中被排斥在接受传统教育并获得功名的人群外。他们虽在美国学习现代知识与科学，但大多未曾深入人文学科的根部与科学技术的顶尖处，无缘伸手触摸人类知识与智慧的微妙处。这是他们的遗憾，也是历史与中国的遗憾。不过，此时的他们对自己的未来一无所知，天下所有人都对此一无所知，但历史仍在按照自己的逻辑缓缓前行。

三

美国民众虽对他们充满友好的态度，但其实“对于这些新来者的历史、风俗和传统，却没有多少好奇心”。[①] 他们只是期待这些小孩接受美国文化和无所不能的美国精神，去改变日渐衰落的传统国家。

当时负责教育他们的诺斯罗普牧师期待他们“及早学会‘自立、克己、自制、充满活力和坚持不懈，以及其他典型的清教徒美德”，成为“热爱国家，有志成为美国科学和文化的倡导者，并以此来为自己的国家做出贡献”。[②]

因此，他们不知不觉地融入不同文化观念和知识力量中。但陈兰彬坚持每天一小时的中文学习，令当时的少年们不胜其烦。他们根本无法容忍那些方块字和背后烦琐古奥的解读，更难以接受那看似飘渺无踪的典故。他们更愿意在暑假与美国同学一道畅游河中，打球奔跑，如马克·吐温笔下的汤姆·索耶（Tom Sawyer）。然而，他们不是美国小孩，而是肩负国家重任的学习者。

因此，陈兰彬与他们的矛盾，看似是性情、观念、性格的差异，实则是两种文化与制度的冲突与折中。这位庶吉士对传统文化看似固执迂腐的坚守，却

① ［以］利尔·莱博维茨、［美］马修·米勒：《幸运儿：晚清留美幼童的故事》，李志毓译，文化发展出版社，2019 年，第 113 页。

② ［以］利尔·莱博维茨、［美］马修·米勒：《幸运儿：晚清留美幼童的故事》，李志毓译，文化发展出版社，2019 年，第 114 页。

令这批留美幼童在学校获得令人惊喜成绩的同时，更使得他们在归国后以传统文化的底蕴去获得彼此的文化认同，不断尝试融入以传统儒生为主体的群体中，再通过中西文化的融合，影响中国近现代发展的方向与进程。这又是陈兰彬自己意想不到的收获。

四

1876 年，美国在费城（Philadel Phia）举办世界博览会。这是美国历史上第一次举办国际性博览会。这一年，刚好是美国独立一百周年。从牛仔奔走的大草原到新兴的工业国家，美国用实力展现出一个崛起的新时代。

康涅狄格州教育局将留美幼童们的英文作业进行全方位展示，作为教育成果展现给来自世界各地的宾客。

博览会中来自世界各地最先进的新型机械与设备，如刚刚问世的打字机、手表、幻灯放映机、电灯、自来水笔等，令人耳目一新；而精致高效的造纸机器，令一直骄傲于源远流长造纸法的中国官员也深感外国人精妙的构思。他们可造出不亚于国内的精美书写纸，更可将杂废物化为各种精美的工艺品。而中国提供的展览品则是上书“大清国”三字的牌楼，内里则是精致的绸缎、象牙雕刻、景泰蓝、字画等。

作为参观者，少年学生们觉得这些机器先进精良，也可模仿制造。他们既敬佩中国牙雕器的精致巧妙，也感叹外国印刷技术的先进高效。作为已经融入钢铁时代的年轻学子，他们的感叹远远少于刚刚踏出国门的中国官员。同时，技术、机械、设备、制度、管理、效率的概念与观念，也深深进入他们年轻的内心，远异于仍在书斋中沉吟徘徊的中国同辈。

听说中国幼童也在参观博览会，时任美国总统尤里西斯·辛普森·格兰特（Ulysses Simpson Grant，1822—1885 年）兴致勃勃地接见他们。端雅温静、举止得体的少年学子们深得总统的喜爱，也成为一段中外交流佳话。

五

幼童们就读的哈特福德高中始建于 1683 年，为美国历史第二久远的中学。

这些充满东方迷人气质的中国学生，温雅谨敏、勤奋上进、严守规矩、进退有度。更令人惊讶的是他们卓越的理解能力和对新鲜事物几乎毫无障碍的接受能力。他们不仅成绩优秀，且思维敏锐，大方开朗。

1878 年春天，第一批留美幼童陆续毕业。

六年前，他们从遥远的东方来到陌生的美国，磕巴的英语、稚嫩的面孔、幼小的身体，成为人们好奇和怜爱的小孩。如今，他们英语流利地道、思维严谨清晰、身体强壮健康。他们更将知识与视野融入充满朝气的生命中，融入来自大清王朝的自豪感与来自学校的自信，走向舞台中央，参加毕业典礼。

六

学生们推举黄开甲、蔡绍基、梁敦彦三人为发言代表。

黄开甲论述法国人让·巴蒂斯特·科尔伯特（Jean Baptiste Colbert，1619—1683 年）经过系统改革将法国发展为欧洲大陆强国的历史。蔡绍基则指出鸦片对中国人的毒害，而梁敦彦虽不喜社交，但长于思辩，他一旦进入毕业演讲状态却令人耳目一新，让《哈特福德日报》写下这样的句子："从来没有演说得到过这么多的掌声，也从来没有演说传达过如此强的志气。这位成功的"竞选者"的即兴演说成了标志，他把听众吸引到了他积极和横扫一切的风格之中。"①

梁敦彦在结束演说之后又被请到台上再次鞠躬致谢。学校对演说能力的专业培养能够不断提升学生的自信，更使他们的口才愈发出色，为梁敦彦日后在外交领域的从容自如奠定专业而系统的基础。

① ［以］利尔·莱博维茨、［美］马修·米勒：《幸运儿：晚清留美幼童的故事》，李志毓译，文化发展出版社，2019 年，第 137 页。

第六节 耶鲁学子

一

经过繁复而艰难的考试，出类拔萃的梁敦彦、蔡绍基、黄开甲于1878年顺利进入耶鲁大学。

黄开甲（1860—1905年），广东省嘉应州镇平县（今梅州市蕉岭县高思乡程官村）人。其伯父黄道崇曾任道台，父亲黄岳川曾留美，回国后任翻译。黄开甲为长子，聪颖好学，后听从容闳建议，赴美留学。

蔡绍基（1859—1933年）广东省香山县拱北岭北村（今属珠海市）人，为第一批留学生。

梁敦彦“光绪四年（1878年）考取入耶鲁大学。梁敦彦习性与自然科学较近，于数学一门尤能精通，不过祖父以为国内自遭受“洪匪之乱”后，百政不举，很想让孙子读书为官报国，所以梁敦彦不想违背祖意，入耶鲁大学即选择文科经济学。晚年梁敦彦还常说，为官虽致通显，为国办事也不算少，但未能发明一物留于后世，深为遗憾。”①

不过，在他们进入耶鲁大学前一年，“杰出的杰米”詹天佑就以纽黑文（New Haven）的希尔豪斯（Hillhouse）中学全校第二的杰出成绩考入耶鲁大学。他在谢菲尔德（Sheffield）理工学院土木工程系学习。这一年，他的数学成绩获得第一名。

优秀而卓越的詹天佑，成为梁敦彦他们的榜样。

二

耶鲁大学创立于1701年。其校训：为了上帝，为了国家，为了耶鲁。其超

① 裴燕生：《从〈顺德梁崧生尚书生平事迹草稿〉（手抄本）看清外务尚书梁敦彦早年事迹》，《档案学通讯》2007年第1期。

耶鲁大学校园——黎民杰摄于 2020 年

越一切边界的权利与责任，令耶鲁学生的人生价值突破血缘、种族、国家，进入全世界与无边的信仰中。“那种古老的、清教徒主义的服务使命感，竞争然后获得嘉奖的精神，依旧徘徊在纽黑文。”①

耶鲁大学前校长理查德·查尔斯·莱文（Richard Charles Levin）的总结最为精辟：“耶鲁吸引着极具潜力的学生，并通过耶鲁的独特教育帮助他们最大限度地发挥潜能；耶鲁优秀学生间的互相砥砺也是他们走向成功的原因。”②

学校内有大量的学会组织。学生通过各种专题的辩论与交流，形成充满活力的思想，更锤炼出严谨、清晰、犀利、快速的演说与辩论才能。这为梁敦彦后来成为出色的外交官奠定实战基础。

保障思想的绝对自由成为耶鲁大学的文化核心。耶鲁大学主张思想的绝对自由与信奉智力的不可动摇。它们是不可缺少的条件。拥有它们，追求真理才有价值和意义。

因此，内心与思想的自由，成为莘莘学子的文化价值观。对事物本质的追问与对事物真相的坚守，构成梁敦彦一生秉承的信念，也成为他在清末浑浊的官场内独树一帜、赢得大多数清正官员与清醒贤者推崇的内在因由，更化作他得以在清末外交时代节点中崭露头角、屡屡令外交事务化险为夷的文化支撑与智慧源泉。

① 蒲实、陈赛等：《大学的精神》，中信出版集团股份有限公司，2017 年，第 74 页。

② 《北京晨报》，2004 年 3 月 10 日。

耶鲁大学校长的选择标准，深深地影响着耶鲁学子。

“耶鲁校长必须是耶鲁人（即本科毕业于耶鲁的人），必须有个性，有宗教信仰，必须是国际知名学者。如果他是人文学者，要深深地尊重科学；如果是科学家，则要热爱艺术。他必须是现代人，但要理解过去并有远见。他绝对不能过右或过左，但也不能走中间道路……”①

“在耶鲁，有一种从不公开表述、无法明确指出，却极被看重的高贵意识，那就是服务社会、贡献国家。”②

因此，无论是詹天佑设计铁路为国家交通作出贡献，蔡绍基从北洋洋务局总办到创立北洋大学，黄开甲从盛宣怀秘书到美国圣路易斯世界博览会中国馆副馆长，还是梁敦彦从外交事务上力争国家主权和利益，合力将美国退回的庚子赔款余款用于留美教育，奠定清华大学基础，无不折射出耶鲁人贡献国家、造福大众的内在精神主义。

三

梁敦彦就读于经济学专业。耶鲁大学经济学的核心是运用稀缺资源，为不同群体生产有价值物品和提供有效服务，其重点是研究国家经济政策的制定与国际经济政策的特征。这与国内以农耕为主体的经济结构与产业思维截然不同，令梁敦彦接受到专业、严谨、全面、深入的现代经济学训练，成为国内为数不多的具有现代国际视野与现代专业学术背景的学子，这为他日后在风起云涌的大时代变革中保持着清晰、冷静、透彻、精准的头脑打下专业基础，更令他在后来国家大转折中作出引人注目的专业贡献。

① 蒲实、陈赛等：《大学的精神》，中信出版集团股份有限公司，2017 年，第 82 页。
② 蒲实、陈赛等：《大学的精神》，中信出版集团股份有限公司，2017 年，第 102 页。

以培养不同领域杰出领袖为宗旨的耶鲁大学——梅策迎摄于 2022 年夏

深受学校文化精神影响的梁敦彦在这所“耶劳大书院”中勤学苦读。经济学的严谨与理性，对完美数理与对精准结果的不懈追求，加上校园内学风的规范与纯粹，为他成为理性冷静、不随俗流、公正严明的官员奠定精神基础，而耶鲁大学更引导学生“要从纯数学中学习论证推理的艺术；从物质科学中了解事实、归纳过程和可能证据的多重性；要在古典文学中发现一些最有品位的完美的典范；通过英语阅读学会运用自己语言讲与写的能力；通过逻辑和思想哲学学习思维的艺术；通过修辞与辩论术学习讲话的艺术；通过不断地训练写作掌握准确表达的能力；通过即席的讨论，成为果断的、语言流畅的和朝气蓬勃的人。”①

全方位的专业学习与充满朝气的学术气氛，为年轻的梁敦彦打开一道又一道明亮的学术大窗；各学科的融通与散发着青春气息的学习环境，令这位聪颖而严谨的年轻人在勤奋的学习中不断领略到学问的奥妙与神奇，而师友间友好的竞争与鼓励即席讨论的专业课程，更令这位生性内向的学子不仅成为多学科的融通者，更逐渐磨砺成沉着、清晰、冷静而充满锐气的思考者与辩论者，为他日后成为机锋四出，辩才无碍，又义理清晰，令人心悦诚服的外交家奠定扎实而深厚的专业基础，更使他在未来国家外事务处理中得以脱颖而出发挥着不可或缺的作用。

在四批留美幼童中，先后入读耶鲁大学的共有 22 人，其中詹天佑、欧阳庚

① 蒲实、陈赛等：《大学的精神》，中信出版集团股份有限公司，2017 年，第 104 页。

顺利毕业，而黄开甲、蔡绍基、钟文耀、唐国安等后来分别成为天津电报局总办、北洋大学校长、沪杭甬（指宁波）铁路管理局局长、清华学校校长。他们与就读于哈佛大学（Harvard University）、麻省理工学院（Massachusetts Institute of Technology）、哥伦比亚大学（Columbia University）、斯蒂芬理工学院（Stevens Institute of Technology）的各路英才一道，释放出当时私塾、书院、国子监才士无法释放的特殊能量，在新旧冲击的大时代发挥出开一代风气之先的重要作用。

“梁敦彦还是DKE（兄弟会）学会会友，此会是美国全国大学最著名的学会。当时耶鲁校内的这类社团是很排斥外人的，但还是吸收了梁敦彦，中国人中加入该会的只有梁敦彦和钟文耀（后曾任沪宁铁路和沪杭铁路总办）。”①

部分留美幼童就读于哈佛大学，与梁敦彦等一道成为近代中国重要人物——梅策迎摄于 2022 年夏

四

年轻的学子们在求学余暇走出教室，将辫子藏起来，梳起小分头，精神干练，加上挺拔的汗衫、铮亮的皮鞋、流利的英语、自信的笑容，早已融入校园生活。他们划船、溜冰、唱歌、跳舞，还成为赛艇好手、棒球高手。他们还组成一支“东

① 裴燕生：《从〈顺德梁崧生尚书生平事迹草稿〉（手抄本）看清外务尚书梁敦彦早年事迹》，《档案学通讯》2007 年第 1 期。

方人棒球队”，梁敦彦、黄开甲、詹天佑、蔡绍基更是积极分子。据贺宝善在《思齐阁忆旧》中回忆：“1881 年，梁敦彦他们被迫回国，途径旧金山。他们在逗留登船期间，接受奥克兰棒球队挑战。本以为稳操胜券的奥克兰棒球队在神投手的高超技术下被打得溃不成军。华侨们都鼓掌称好。这位神投手就是梁敦彦。梁敦彦回国后，一直倡导体育运动，家中设有网球场，1922 年发起北京草地网球会，1923 年更组织北京税务专门学校网球比赛等。”[①] 可见当时他们参与棒球运动对他们的深刻影响。他们在社交与运动场上的进退温雅和叱咤风云，更令陈兰彬深感不安。不过，因梁敦彦每个暑假都到哈佛大学补习中文，考试必为优等，却深得陈兰彬欣赏，因此，“他亲以作文之法教授梁敦彦，所以梁敦彦的中文得力于陈兰彬老师为多。”[②]

1875 年，容闳与玛丽·凯罗克（Mary Kellogg）小姐结婚。这对于留学美国的青年学子们来说，这不仅让他们看到在一个完全相异的空间中不同文化的自然交融与自由婚姻的美好和谐，更在很大程度上冲击着父母包办婚姻的固有理念。不过，面对容闳与玛丽·凯罗克小姐那甜蜜纯粹的笑容，庶吉士陈兰彬确是承受着从文化认知到传统价值的巨大冲击。

---

① 贺宝善：《思齐阁忆旧》，生活·读书·新知三联出版社，2005 年，第 23 页。

② 裴燕生：《从〈顺德梁崧生尚书生平事迹草稿〉（手抄本）看清外务尚书梁敦彦早年事迹》，《档案学通讯》2007 年第 1 期。

第七节　中断的留学

一

1880年，吴嘉善（1818—1885年）接替陈兰彬出任监督。吴嘉善，字子登，江西省南丰县（今属抚州市）人，算学家。咸丰二年（1852年）中进士，后任翰林院庶吉士，授散馆编修。面对鸦片战争的失败，吴嘉善痛感学习西方文化的迫切性。他向英、法传教士苦学英、法文，博览西洋史地，熟悉洋务，但他对茁壮成长的留美学生越来越远离传统文化十分忧虑。他在《谕示》中反复强调：

“但要思出洋本意，是令尔等学外国功夫，不是令尔等忘本国规矩。是以功夫要上等学习，规矩要不可变更。至洋文汉文，更要融汇贯通，方可有用。”①

不久，他还规定学生每月上交中文作业，以质量评比高低；停止美国地理、钢琴演奏、英诗写作等课程；每周六日要集中聆听《圣谕广训》，凡不专心者，勒令退学。

国内也对这批留学生多有批评。当时的《申报》写道：

“国家不惜经费之浩繁，谴诸学徒出洋，孰料出洋之后不知自好，中国第一次出洋并无故家世族、巨商大贾之子弟，其应募而来者类多椎鲁之子，流品殊杂，此等人何足以与言西学，何足以与言水师兵法等事。”

留学生的历史开始出现令人不安的逆转。

二

一直以来，清政府反复提出让这批学生进入军事学院或海军学院深造，但美国对此从没正面回应。这令致力洋务的李鸿章和一直上下联络的容闳颇感为难。

此时，美国西岸汹涌的排华潮令两国关系微妙难言，而无法实现的军事人才培养目标，更令李鸿章深感焦虑。

---

① 钱刚、胡劲草：《留美幼童——中国最早的官派留学生》，文汇出版社，2004年，第126页。

光绪六年（1880年）底，美国西部科罗拉多（Colorado）州首府丹佛（Denver）市爆发大规模排华事件。

朝廷中的守旧官员趁机对留美学生进行抨击。1880年12月，江南道监察御史李士彬上呈奏折："出洋学生，原不准流为异教，闻进来多入耶稣教门，其寄回家信有'入教恨晚死不易忘'等语。"①

吴嘉善也称："外洋风俗，流弊多端，各学生腹少儒书，德性未坚，尚未究彼技能，实易沾其恶习，即使竭力整场，亦觉防范难周，极应将局裁撤。"②

容闳得知后，请推切尔牧师向美国多所著名高校校长求助。他们向朝廷致信称：

> "他们良好的行为收到了良好的效果，美国少数物质之人对中国人的偏见，正在逐渐消失……对学生来说，目前正是最重要的时期。……他们像久受灌溉培养的树木，发芽滋长，就要开花结果，难道要摧残于一旦尽弃前功吗？"③

1881年7月15日，《纽约时报》报道：

> "有迹象表明，大有前途的中国留美教育计划项目很快就要终止。……如果对这个项目的放弃没有经过深思熟虑的话，将非常遗憾。……这些从中国优秀家庭挑选出来的孩子表现出极高的天赋，处处受到人们的喜爱。"

目睹朝气蓬勃的小孩们茁壮成长的马克·吐温得知此事后，到纽约拜见前总统尤利西斯·辛普森·格兰特。这位曾经接见过幼童们的总统闻得此事后亲自写信给李鸿章，力陈半途而废的遗憾。迫于各种压力，李鸿章收到来信后，决定已经进入大学的学生需要完成学业，其余学生中聪颖卓异者，可精选留学，其他则陆续返国。

> "由于当时已有近六十名幼童进入大学，加上'酌留若干'，这一方案，真正撤回的只是少数。李鸿章的苦心，由此可见一斑。"④

① 钱刚、胡劲草：《留美幼童——中国最早的官派留学生》，文汇出版社，2004年，第130页。

② 钱刚、胡劲草：《留美幼童——中国最早的官派留学生》，文汇出版社，2004年，第130页。

③ 钱刚、胡劲草：《留美幼童——中国最早的官派留学生》，文汇出版社，2004年，第132页。

④ 钱刚、胡劲草：《留美幼童——中国最早的官派留学生》，文汇出版社，2004年，第135页。

李鸿章还提出精选二十名尚未进入大学的幼童回到国内参与电报工程。如此，则可让已经进入大学的学生们得以完成学业。但总理衙门的大多官员对留学美国一事十分鄙视。他们干脆上奏将学生们一律撤回。心力交瘁的两宫皇太后面对内外交困的国内外情势，也没有细加斟酌，匆匆批准。

光绪七年（1881 年）五月，总理衙门上奏全撤，梁敦彦等一批学生的留学生涯就在这些管理者纷争与纠缠中戛然而止，确令人感叹。

虽然此举看似不同人物间的意见相异所导致，却正折射出朝廷最高层对此事举棋不定的微妙与迟疑，清晰体现出清末中国大部分高级官员对世界发展与未来走势的一无所知，更透露出他们保守退缩、胆怯怕事的真实情形。

宁静的美国校园曾留下中国学子的读书声——梅策迎 2022 年夏摄于哈佛大学

1901 年，李鸿章去世。临终前，他挥笔写道：“宝剑秋风孤臣泪，落日旌旗大将坛。”也可看出他对此事夭折的沉痛感与孤独无助感。

三

在美国社会一片哗然不解与留美学生的痛苦无奈中，美国朋友们为这些孩子举行告别仪式。他们目睹幼童在自己家中成长成熟，更在生活中结下深厚情谊，如今却要挥手离别，彼此一生都无法忘却那个令人肝肠寸断的场景。

"1881 年 9 月 27 日，最后一批学生们踏上了同样的西去的火车旅程。他们在上衣的纽扣孔里别着黑白相间的装饰，哀悼中国教育计划的凋亡。"①

其实，这也是一种必然。从早期容闳与曾国藩李鸿章相异的留学目的，到陈兰彬、吴嘉善对学生的微妙态度，一直到朝中各种反对力量的合力，再加上美国的排华浪潮和美国军事学院对清政府的关闭，各种力量和情势都在不断收紧留美学生自由驰骋与发展的空间。他们即使不因此事而半途而废，也会因各种因由遭遇挫折。

因为，这不只是留学生们的命运，更是两个不同发展方向的国家间在大转折时代愈发扩大的差异。这种差异并非个人或一个群体所能阻止或改变，而是一股巨大的文化、思想、制度奔流将两个不同国度推向方向相异的远方。

不过，留美学生却是大转折时代最特殊的幸运者。他们因各种偶然机缘，再加上天生的聪颖与家庭的熏陶，得以获得这个千载难逢的机会。当他们的同辈还苦读四书五经，在科举的漫长道路上望尽天涯路时，他们却从美国获得先进的知识，拥有开阔的视野，去迎接另一个全新的世界与时代。

他们虽与科举出身的儒家精英们一道，合力推动社会发展，但截然不同的知识结构与见惯世面的每临大事有静气，又让他们在外交、技术、政治等方面弥补儒生们从未接触的空间，得以满足清政府与时代的迫切需求，成为一个逐渐崛起的独特群体。

在这群怏怏归返的留学生中，梁敦彦或许是最沉默的一位。他摩挲着祖父送给他的那块玉镯，百感交集。

在这漫长的八年异域求学生涯中，他从未忘记祖父严厉却充满期待的眼神，更难以忘怀父母轻声的嘱托。分外勤奋的他一直期待以出类拔萃的成绩回报家人，让他们获得与金榜题名、踏鳌折桂同等的无尽荣耀，令全村人和全族人对祖父、父母恭敬有加，而此时，半途而废的学业与沉浮难定的未来，让平时沉默寡言的梁敦彦显得更深沉。他凝望着轮船驶过的海面，思绪万千。

---

① ［以］利尔·莱博维茨、［美］马修·米勒：《幸运儿：晚清留美幼童的故事》，李志毓译，文化发展出版社，2019 年，第 154 页。

第三章
在张之洞幕府

第一节　回国后

一

1881年10月6日，留学生们终于来到上海。与他们心目中想象的欢呼队伍与热泪盈眶的亲人相异，迎接他们的只有一位普通而沉默的工作人员。

巨大的落差，令这些就读于美国高校的年轻人们深感失望。这无疑是他们遭受的第二次重大打击。

黄开甲在寄给巴特拉夫人的信件中描述当时令人沮丧的场景：

“他不雇用马车或船将我们载往目的地——中国海关道台衙门，却雇用独轮车来装载我们。行动迟缓，使我们再度暴露在惊异、嘲笑的人群中。他们跟随着我们，取笑我们不合时宜的衣服。我们穿旧金山中国裁缝的杰作，很难被时髦的上海人看上眼的。”①

梁诚（1864—1917年，今广州市海珠区黄埔村人）在给美国朋友的信件中也提到此事：

“当我们回到中国后，感到失望和沮丧，苛刻的待遇使我难以形容，我愿慢慢告诉你我们的遭遇……10月6日我们返抵中国到达上海，乘独轮车去上海内城，被送往一个长年封闭潮湿的旧楼房中。”②

“在上海，我们分成两批，一批派往福州船政学堂，另一批派往天津。”③

① 高宗鲁译注《中国留美幼童书信集》，珠海出版社，2006年，第14页。
② 高宗鲁译注《中国留美幼童书信集》，珠海出版社，2006年，第22页。
③ 高宗鲁译注《中国留美幼童书信集》，珠海出版社，2006年，第22页。

二

不过，有点幸运，李鸿章对这批留美幼童十分重视。梁敦彦一行来到天津。“相继被安置在电报学堂、电报局、天津机械局、北洋水师学堂、鱼雷学堂、大沽口炮台、津海关道、天津道、北洋医馆、开平煤矿等处，充当学员、听差或教习。”①

“随着电讯事业的发展，以天津为中心创办了水线联合报局、津沪电报总局，架设线路辐射四方……电报学堂的许多留美幼童被派往北至张家口、满洲里、恰克图，南至上海、福建、江西、浙江、湖北等广大地域。他们传播先进的科学技术。据统计，仅省以上电报局局长就有11人。他们成为开拓当地电信事业的奠基人。”②

“王凤喈（1859—1894年）、梁敦彦留校任教，分别担任北洋水师学堂和电报学堂教习。黄仲良则出任天津机械局（东局）翻译兼图算学堂教习；唐绍仪、周长龄、林沛泉、吴仲贤、蔡绍基等人被李鸿章派遣随穆麟德去朝鲜（指当时的李氏朝鲜王朝，包括整个朝鲜半岛——笔者注）组建海关，出现在近代中国外交领域。”③

井振武先生在《留美幼童与天津》一书记述，梁敦彦在天津电报学堂教英语，每个月工资12两白银，后来，“又派梁敦彦兼授数学一门，只加津贴四两。然此时同学中如唐少川等仅得薪金四两而已。清廷对于这批海归人员并不重用，梁敦彦曾写信给美国巴夫人叙述回国后的境况。不久得其复函说：人生在世，必应做事，无论何项事业，但须选择有益于世界者。既为教师，应尽心训迪学生，使学生日后成人，为中国有用之才，即是功德。并说人生除了衣食之外，就是为了名誉，不必介意薪金多少，将来必能发达，予以鼓励。于是梁敦彦安贫乐命，发奋读书作人。”④蔡绍基在天津道衙门出任助理翻译，每月收入10两白银。当时，一两白银可买约100斤大米，7两白银可买1亩良田。其实，他们收入已颇可观。

① 井振武：《留美幼童与天津》，天津人民出版社，2016年，第65页。

② 井振武：《留美幼童与天津》，天津人民出版社，2016年，第66页。

③ 井振武：《留美幼童与天津》，天津人民出版社，2016年，第67页。

④ 裴燕生：《〈从顺德梁崧生尚书生平事迹草稿〉（手抄本）看清外务尚书梁敦彦早年事迹》，《档案学通讯》2007年第1期。

三

令学生们深感欣慰的是，他们获准返乡探望父母。

梁敦彦马上打包行李，南下顺德探望双亲。

此时的勒流龙眼村，仍是桑田一片。人们仍是在春耕秋耘，种桑养蚕。闭塞的乡村与古老的风俗，令梁敦彦瞬间回到快乐无边的童年。熟悉的石桥古桥与威严的相公庙及厨房小窗散出的熟悉菜香，让他生出特别的亲切感与不舍感。

看到英挺俊朗的梁敦彦，父母的欣悦无法言喻，但对于他的身份与未来发展，他们仍深感迷茫。这种迷茫，对于所有回到家乡的留美学生和他们的父母来说毫无差异，都难以预知。同样无法预知的困惑，也摆在主导他们命运的朝廷高官的案桌上。

古桥至今仍在，那曾是梁敦彦徘徊沉思处

四

跟梁敦彦不同，回到香山县的唐绍仪深感自己本来辉煌的人生如今已然粉碎。每天，他都在家中等待朝廷的命令。

“意识到保守的清政府不会容忍幼童们美国化的行为方式，唐氏家族立即对唐绍仪和梁如浩展开了中国传统的再教育。他们的逻辑是，如果这些男子不能成为他们原本想成为的受过西方教育的改革家，那么就要让他们接受儒家传统。回家后不久，唐绍仪就迎娶了邻近家族的女儿。没过多久，他和梁如浩都被派到了首尔，这个中国新人外交官的检验场。”①

五

未来的困惑如遥远的迷雾，虽笼罩在他们身上，但无法阻止生活的延续。

毕竟，他们还很年轻。

据梁敦彦孙子梁世平先生回忆，有一次，同一批留学美国的耶鲁大学同学兼顺德同乡挚友何廷梁邀请梁敦彦参加家族宴会。梁敦彦静坐桌旁，默默深思。一群富家子弟见梁敦彦一身简朴，寒素不华，于是傲然向前，上下打量，更出言不逊，嬉笑交集，讥讽他贫寒微贱，竟敢出入华堂。梁敦彦气定神闲，静默不语，任凭他们指三道四，不还一言。旁边一老者一直静静目睹此事，直到喧闹不止，秩序渐乱，才忍不住走上前来，对他们郑重地说：

“你看这位少年，英俊挺拔，内秀外静，听任你们胡言乱语，不接一语，可见修养深厚，笃定自信。你看看你们，大庭广众之下，轻浮无度，语不择言，自以为富贵浮华，不可一世。其实，我看这位少年将来必前途无量，你们都是过眼云烟。”

少年们听得此话，再看坦然自若的梁敦彦，不觉稍稍羞愧，悄然退出。此时，何廷梁刚好赶回，得知此事，告知老者，梁敦彦为留学英才，前途不可估量。老者点头，深表赞同。

于此小事，可见出梁敦彦的沉稳静气与处事风格。

六

何廷梁出生于 1859 年，赴美后就读于北安普顿（Northampton）高中、菲利普斯安多佛学校（Phillips Academy Andover）、艾姆赫斯特（Amherst）学院，后入读耶鲁大学，因成绩出色，深受校长称赞。

回国后，他与籍贯为江苏省嘉定县的周传谔（1863—？）一道被派往北洋医学馆，跟随马根济大夫学习医学。1894 年甲午战争爆发，何廷梁奉召入伍，在

---

① ［以］利尔·莱博维茨、［美］马修·米勒：《幸运儿：晚清留美幼童的故事》，李志毓译，文化发展出版社，2019 年，第 177 页。

北洋水师军舰出任外科军医。后因身体虚弱，返回家乡，不久病逝。

顺德籍留美幼童共有四位。继梁敦彦、何廷梁之后，第三位是容奇人杨昌龄（1863—？）。1874 年，杨昌龄作为第三批留美幼童远赴美国。1881 年返国，就任天津大沽炮台驻美使署通译官等职。后出任京沈铁路工程师和京张铁路监工、指挥、工程师等职。1914 年他任沪宁（指南京）、沪杭甬铁路管理局第一任局长。1917 年调任邮传部。1918 年再次兼任沪宁、沪杭甬铁路管理局局长，为近代中国铁路发展作出深远贡献。

第四位是北滘桃村人曹嘉祥（1864—1926 年）。他是第三批留美幼童，早年就读于哈特福德西部中学、哈特福德公立中学。回国后，供职于北洋海军。曹嘉祥曾参加甲午海战，英勇沉着，在战斗中负伤，后升任烟台水师提督署提督。光绪二十二年（1896 年），任江阴要塞区黄山派台总台官。八国联军侵入中国后，北京、天津为外国军队占领，后经斡旋，军队撤出。袁世凯、徐世昌将 3000 名士兵训练为警察，任命曹嘉祥为都司。曹嘉祥以副将官衔出任天津巡警总局首任总办，带领警察 3000 人驻扎天津。他令昔日华人巡捕与如今总局巡警共同维持天津治安；同时，编写《天津南段巡警总局现行章程》，将警察部门与功能分门别类，纲举目张，一目了然。警察按章执法，有条不紊，一扫昔日混乱交错的局面，成为全国典范。他也成为中国警察制度创立者。辛亥革命后，曹嘉祥曾出任总统府高等从武官，领海军少将衔；1915 年出任海军部次长，为中国新式海军发展贡献深远。

北滘桃村曹氏大宗族旧牌匾——曹树潮供图，2023 年夏

如今，北滘桃村曹氏大宗祠展览其生平事迹。

四位顺德籍留美幼童在近代中国不同领域均作出开创性贡献。

七

梁敦彦探亲后，与唐绍仪、温秉忠同船北返，路过闽海时触礁落水，后幸亏登上一小舢板至小岛上，但其祖父所赠玉镯及亲笔书信均失，他常引以为憾。回天津后，梁敦彦继续在电报学堂任英文教习。光绪十年（1884 年），梁父亲去世，梁敦彦回到阔别三年的家乡，料理一切。

积蓄用尽的梁敦彦无力购票返津，延误归期，遭官府通缉，更失去职位。一无所有的梁敦彦回到小时候读书的香港，在教堂为人们讲解经文。但作为华人，他屡遭歧视，后愤然辞职。他返回广州，徘徊在城隍庙前，无处可归。

“至省城断炊，幸亏遇到同村亲友，邀请至店铺中暂时居住，当时梁教彦身上只着有蓝布单衣单裤而已。店铺中伙计及客人们都偷偷笑他，甚至怀疑他是不是在外留学十年之人。然而梁敦彦并不介意，不当回事。”①

此时，他惊喜地遇到电报房学生胡君。看到当年意气风发的梁先生如今落魄街头，愁眉不展，胡君马上询问先生近况。得知细节后，胡君告诉梁敦彦，如今他在张之洞电报堂出任领班，正缺人才，强烈建议老师一同前往。

一筹莫展的梁敦彦大喜过望，马上跟随胡君来到张之洞帐下电报房。

这一年是光绪十一年（1885 年），梁敦彦二十七岁。

① 裴燕生：《〈从顺德梁崧生尚书生平事迹草稿〉（手抄本）看清外务尚书梁敦彦早年事迹》，《档案学通讯》2007 年，第 1 期。

第二节 张之洞帐下电报生

一

张之洞（1837—1909 年），字孝达，号“香涛”“香岩”，又号“壹公”“无竞居士”，晚年自号“抱冰”，直隶南皮（今河北省南皮县）人，1863 年中进士第三名，为探花，后授翰林院编修；1867—1873 年任湖北学政；1874 年任四川学政、山西巡抚。1883 年中法战争爆发，张之洞力主抗战，升任两广总督。

这一年，两广总督张之洞启用老将冯子材，经过艰苦卓绝鏖战，取得镇南关大捷，极大鼓舞中越两国军民斗志，有力摧毁法国侵略者的气焰，从根本上改变中法战争形势，更导致茹费理内阁倒台[①]。

意气风发、时年四十七岁的张之洞迎来年轻清秀但挺拔温雅的梁敦彦。

二

进入张之洞幕府后，梁敦彦专职电报传译。作为耶鲁大学高材生，电报翻译对于梁敦彦来说得心应手，但他依旧一丝不苟、沉敏细致，在中西文化的差异中寻求精确而雅致的表达，以避免偏见与误解。

信达雅的表述与对电文有深透理解的译文，令张之洞眼前一亮：这正是他苦苦寻求的人才。

不久，梁敦彦在译员中脱颖而出。

曾任张之洞幕僚的辜鸿铭（1857—1928 年）在《张文襄幕府纪闻》中回忆：“犹忆昔年张文襄督鄂时，督署电报房有留学生梁姓者，领袖电报房诸生，专司译电报事。”按照惯例，朔望行礼时，署中文案委员与电报学生分班行礼。

---

① 茹费里（1832 年 4 月 5 日—1893 年 3 月 17 日），全名“朱尔·弗朗索瓦－卡米尔·费里”（Jules Francois Camille Ferry），法国共和派政治家。1879 年 2 月 4 日，共和派上台执政，茹费理接受了邀请，加入了内阁，先后担任教育部部长和外交部部长，后来两度出任总理。1885 年由于中法战争的失败而辞职。

梁敦彦与电报房诸生同立一处，文案委员们看不起他，“无一与交语者”。有一天，张之洞出堂受礼，见梁敦彦与电报诸生同立，上前将他拉出班外，亲自安排在文案委员班内说：“汝在此班内行礼。”众人一时愕然。“此后文案委员见梁学生，则格外殷勤，迥非昔日白眼相待可比。”这位梁学生就是梁敦彦。

愛才
國朝沈歸愚尙書有曰昔歐陽文忠公之好士也士有一
言之合於道不憚數千里求之甚至過於士之求公眞以
國家得一人則轉相汲引至於數世猶享其利故好之如
此其篤猶憶昔年張文襄督鄂時督署電報房有留學生
梁姓者領袖電報房諸生專司譯電報事向例朔望行禮
署中文案委員與電報學生分班行禮梁學生固與電報
房諸生同立一處文案委員無一與交語者一日文襄出
堂受禮見梁學生與電報諸生同立則親攜出班外置諸
文案委員班曰汝在此班內行禮大衆愕然此後文案委
四十六

辜鸿铭记录他目睹张之洞重用梁敦彦的文献——图片来源：《张文襄幕府纪闻（卷下）》46 页，现收入辜鸿铭：《中国人的精神（二）》，陕西师范大学出版社，2007 年，第 159-160 页。

三

张之洞任职两广总督期间，“始则经营战守，继者整饬吏治，培养民力，讲求立国自强之道”。[①]

当初到任广州，张之洞查看库房，存款不及五十万两；离任时，库存二百万两。他将五十万两书院书局白银交给后任李瀚章（1821—1899 年）。

李瀚章一直听闻朝廷中传说张之洞滥用公款，看到这些多年积攒的款项，“愕然惊服，肃然起立，长揖而谢”。[②]

张之洞曾以张九龄“无意与物竞，鹰隼莫相猜”诗意，自号“无竞居士”。他更在衙门后开辟菜地，上筑草亭一翼，作对联一副：“稼穑艰难君子教，菜羹风味士夫知。”

张之洞一心为国、不滞于物、饮马投钱、远离羁绊的为人和做事风格，深刻影响着梁敦彦，令他以其为楷模，潜心工作，以报其收留与提携深恩。

梁敦彦入张之洞幕府之初，仅任翻译电报之职，专司译电报事，但随着电报业务的繁忙和其机要性与紧迫性，电报成为张之洞幕府的重要信息来源，而梁敦彦主事的电报房那字斟句酌却流畅清晰的译文，日益成为张之洞获取国内外信息

① 吴剑杰编《张之洞年谱长编》，上海交通大学出版社，2009 年，第 259 页。
② 吴剑杰编《张之洞年谱长编》，上海交通大学出版社，2009 年，第 259 页。

与作出重大决策的关键来源和依据。

不染俗尘的梁敦彦成为张之洞着力培养的后起之秀。

四

一年后的光绪十二年（1886 年）五月，经张之洞等奏保，梁敦彦“因创办两广电线出力，以府经历分省选用”，即以主管文书的知府属官身份派付不同省份选择使用。担任一年译报员后便可获得提任，这不仅体现出沉稳严谨的梁敦彦出色的工作能力，也可见张之洞对他的欣赏与重用。

光绪十三年（1887 年）正月，张之洞设立洋务处，以蔡锡勇主之，梁敦彦派充洋务处差委委员，札文称：

“前因广东洋务素未讲求，经本部堂设立洋务处，特派在省司道总办并派委提调坐办翻译办事各员在案，查该处事务殷繁，应即添派员以资差委并管理翻译，查有候选府经历梁敦彦明习洋务，素通翻译，堪以派委。该员即便遵照前赴洋务处听候差委兼管翻译。”①

光绪十四年（1888 年）十一月，张之洞上奏《添设粤东西两省电线出力各员恳请仍照上届成案分别奖励折》，保举候选府经历梁敦彦“请免选本班以知县不论单双尽先选用”。②

五

清光绪十五年（1889 年）12 月 12 日，张之洞与梁鼎芬、蔡锡勇、缪荃孙、樊增祥、王咏霓、凌兆熊、潘清荫、杨锐、赵凤昌等人同游镇江焦山，游览金山寺，欣赏苏东坡玉带。此时的张之洞，应是处在人生最意气风发时光，因他即将升任湖广总督。

在这几位跟他寻古探幽、吟诗唱和的传统儒生中，未见辜鸿铭、梁敦彦身影。因为，在当时张之洞幕府中，儒生与留洋生为两个群体。在寻古探幽的静美时光，作为探花郎，张之洞回归白衣净服的儒生角色，更需这些饱学文士应答唱和，诗

---

① 《梁敦彦档三》，中国社科院近代史研究所编《近代史所藏清代名人稿本抄本》第 132 册，大象出版社，2011 年，第 486 页。

② 《梁敦彦档三》，中国社科院近代史研究所编《近代史所藏清代名人稿本抄本》第 132 册，大象出版社，2011 年，第 499 页。

书往来。一旦需要应对中外大事、翻译对话，张之洞会化身为威严犀利、寸土不让的封疆大吏，需倚重这两位深通西方文化制度的时代俊才。

因此，光绪十三年（1887年），广东巡抚吴大澂赴香港，循例拜见英国派驻香港的总督，张之洞就委派精通数门外语的辜鸿铭在香港恭候随同。此时辜鸿铭的身份是洋务委员，而遥控此事的则是坐镇两广总督府的张之洞。

张之洞对不同人才的精准使用可见一斑。

六

光绪十五年（1889年）年12月，张之洞抵达武昌[①]，就任湖广总督。

他在谢恩奏折中说：

> “臣一介腐儒，迂疏寡效，渥承巽命，迭领连圻。昔视学以采风循行江汉，今绥疆而问俗远及衡湘……所有地方应办事宜，随时与湖北、湖南抚臣和衷商榷，认真筹办，以冀仰答高厚鸿慈于万一。”[②]

这一年，张之洞五十有一，正是深知天命岁数，沉毅果决；而梁敦彦与辜鸿铭刚好三十出头，家室已立，正雄姿英发，欲沧海扬帆。

---

① 武昌为湖广总督驻地，与汉口、汉阳合称“武汉三镇”，1927年合并为武汉市。

② 赵德馨主编，吴剑杰、冯天瑜副主编《张之洞全集（二）》（国家清史编纂委员会·文献丛刊），周秀鸾点校，武汉出版社，2008年，第312页。

第三节 参与汉阳铁厂建设

一

任职湖广总督后，张之洞提出在汉阳城北龟山建造钢铁厂，其目的是“设厂炼铁，浚利源而杜外耗，为中国创办之举”。[①]

李鸿章与盛宣怀当时皆建议铁厂建于湖北东部的大冶（现为县级市），张之洞认为大冶虽铁矿丰富，但远离武昌、汉口、汉阳。

同时，他首先提出要修建京汉铁路，其构想：铁路的原料是钢轨，汉阳铁厂可为其提供源源不断的钢轨，有效降低进口费用，更不会受到国外势力挤压与控制。

张之洞认为湖北为南北交通要枢，制造铁器，通过水运，分销四川、陕西、湖南、安徽、湖北等地，更借助轮船，运送到上海，再转运全国各地，省工节费，一举数得。

张之洞深具远见的报告马上得到两宫皇太后批准。

二

1889 年，张之洞着力推动汉阳铁厂建设。他在今武汉城内特设湖北铁政局，派候补道蔡锡勇为驻局总办，筹办一切事务。梁敦彦协助蔡锡勇参与汉阳铁厂、湖北枪炮厂建设事务。

1893 年，在张之洞主持下，汉阳铁厂诞生。这是中国近代第一家官办钢铁企业，为当时中国最大钢铁联合企业。

此外，张之洞还在汉阳建造兵工厂、火药厂、针钉厂等军事企业，可为战争提供急需、高质量、可控的军事设备，形成资源丰富、网络密集的制造链条，更

① 赵德馨主编，吴剑杰、冯天瑜副主编《张之洞全集（二）》（国家清史编纂委员会·文献丛刊），周秀鸾点校，武汉出版社，2008 年，第 386 页。

为后来的武汉市成为近现代工业重镇奠定基础。

当时张之洞在上奏的报告中指出世界各国皆高度关注汉阳铁厂的建造的原因："中国之外，自日本以及南洋各国各岛及五印度皆无铁厂。中国创成此举，便可收回利权，各省局厂、商民所需即已甚广。"①

白手起家的工程艰难万险，如机器笨重、名目繁多、起卸艰难、技术分歧等，千头万绪，加上设计图纸要求精密细致，每每多达数百张，无不来自外国工厂，翻译研究，讨论商定，纷繁复杂；专用砖块，多达数十万，皆为编号，依次修砌；物件设备，数十万件，一一清点，力求无误。因此，张之洞在上呈奏折中称自己"督工筹款，事事艰难。夙夜焦虑，不可名状"②，但他不愿中途停废，否则创举无效，贻笑外国。

三

1894 年 6 月，汉阳铁厂正式投产。刚开始，因煤炭供应不足，产量不高，质量尚未达到预期。

张之洞以"招商承办"，邀请时任津海关道员的盛宣怀接手。1896 年，盛宣怀承接铁厂，从"官办"改为"官督商办"，招募股东，纾解资金困难，全面由市场经营，且更换炼炉，提升产量、质量。清末民初，国内铁轨多由汉阳铁厂制造，质量过硬，不少至今仍使用。

汉阳铁厂是国内最早的官办钢铁企业。"它比日本第一家近代钢铁联合企业八幡制铁厂早七年，它的规模在当时亚洲首屈一指。"③1908 年，它与大冶铁矿、萍乡（属江西省）煤矿合并，成立汉冶萍煤铁厂矿有限公司，成为纯粹商办企业，为当时亚洲最大钢铁联合企业。汉阳铁厂令当时的武汉三镇成为中国最大的钢铁冶炼中心，将中国钢铁冶炼技术提升到历史新高度，与全球工业发展相对接，使

① 赵德馨主编，吴剑杰、冯天瑜副主编《张之洞全集（三）》（国家清史编纂委员会·文献丛刊），周秀鸾点校，武汉出版社，2008 年，第 79 页。

② 赵德馨主编，吴剑杰、冯天瑜副主编《张之洞全集（三）》（国家清史编纂委员会·文献丛刊），周秀鸾点校，武汉出版社，2008 年，第 80 页。

③ 李昀泽：《试论汉阳铁厂在近代中国发展中的价值》，《中外交流》2017 年第 51 期。

中国拥有可与世界钢铁企业和产业相对应并竞争的大型企业。汉阳铁厂通过产品的输出，有力推动当时的铁路、公路、水上运输事业的发展。“在经济与思想的双重动力作用下，我国近代的民族资本主义得到了刺激与发展，一步步走向成熟。”[①]汉阳铁厂有效改变武汉三镇的交通结构，令其规划更符合现代城市发展，大量民众参与工业企业的设立与推动，形成以钢铁为核心衍生的大批工人、技术人员、企业家、资本家，为后来的武汉市成为一个现代城市奠定基础。

四

1906年4月1日，历经6年建设的京汉铁路全线通车。这是中国第一条贯穿南北的铁路大动脉，全长1214千米。

修筑后的京汉铁路地处北京与汉口之间。日夜不息的运输，为中国近代经济提速，更在很大程度上有效提升武汉三镇在近代中国经济、政治、文化中的地位与格局。每天，无数的货物、人员、信息从汉口出发，通过火车与轮船，东达江浙，西抵川渝，北入京城，开启武汉三镇水陆并进的大时代，令其真正实现“九省通衢”的崇高地位，更使武汉三镇通过运输、工业逐渐发展为一个近代城市。

五

梁敦彦参与汉阳铁厂、京汉铁路从筹建到推进的过程。他在翻译研究、技术斟酌、设备调试、中外交流中殚精竭虑、全力以赴，亦目睹中国钢铁工业、大型铁路从无到有那白手起家的艰难历程，更看到以张之洞为首的实干家为国家崛起宵衣旰食的坚韧，梁敦彦也成为逐渐崛起的早期中国工业、铁路发展的参与者与见证者。在密集而繁复的中外交流中，梁敦彦得以长期保持着与国际各界专业人士的交往，不断接触到不同领域的最新资讯，融会贯通后，梁敦彦不仅结交大批专业人才，更为他日后进入外交领域后大展身手积累各种重要资源。汉阳铁厂的建立，成为西方人心目中“中国觉醒”的重要标志；京汉铁路的开通，成为中国经济走上快车道的开始。

① 李昀泽：《试论汉阳铁厂在近代中国发展中的价值》，《中外交流》2017年第51期。

第四节 全程跟进军事建设

一

深感本国武器落后陈旧、不堪一击，张之洞致力推进军事工业发展。

张之洞一直认为，国内军事设备“不独财用外耗，万一遇有缓急，敌船封口，洋埠禁售，受制于人，束手待毙”。[①] 加上各地枪炮型号不一，新旧参差，一旦开战，更手足无措，必不战自败。

其实，当时群臣皆深知此事，只是大家各怀私利，熟视无睹，而张之洞力排众议，艰难推进。因为他深知：“窃以为天下艰巨之事，成效则俟之于天下，立志则才之于己。”[②] 因此，世人评价：“此末世人才销乏之征，而公之孤立无援，其心志为独苦矣。”[③]

1890 年，他在汉阳设立湖北枪炮厂，引进国外最先进的设备，生产当时最齐全且先进的军事设备。“开办之始，浮言万端”，但他闻谤不辩，砥砺前行。

从枪炮到子弹、火药、炮架，湖北枪炮厂都自主制作，精钢纯铁，千锤百炼，力求精益求精，独步天下。湖北枪炮厂所产武器，俗称“汉阳造”。直到抗日战争期间，中国军队仍使用“汉阳造”。

1891 年，湖北枪炮厂款项筹集最为艰难，一直支持他的醇亲王又突然去世，经费来源日益紧张。

作为张之洞的得力助手，梁敦彦以翻译与枪炮管理人员身份，亲身参与各种来往电文的翻译与斟酌，更与国外制造商、工匠商讨研究，在设计、型号、技术

---

① 赵德馨主编，吴剑杰、冯天瑜副主编《张之洞全集（二）》（国家清史编纂委员会·文献丛刊），周秀鸾点校，武汉出版社，2008 年，第 428 页。

② 赵德馨主编，吴剑杰、冯天瑜副主编《张之洞全集（二）》（国家清史编纂委员会·文献丛刊），周秀鸾点校，武汉出版社，2008 年，第 427 页。

③ 吴剑杰编《张之洞年谱长编》，上海交通大学出版社，2009 年，第 304 页。

等工作中胆大心细，温和折中，力求每个项目事半功倍，节省高效，深得张之洞欣赏。全情投入的梁敦彦深受张之洞以天下为己任的精神感染，在工作中殚精竭虑，成为中国近代军事企业重要参与者。

光绪二十年（1894 年），张之洞出任两江总督，梁敦彦出任两江督辕洋务文案兼总管电报工作。

渐受重用的梁敦彦勤勉谦和，潜心公务，不谋私利，愈获清誉，尤为重要的是，梁敦彦每天面对各种洋务文案和往来电讯，为他积累着他人所无法涉足的国际资讯与外交经验，令其成为人们愈发倚重的外交专才。

二

咸丰十年（1861 年）开始，中国推行洋务运动。经过三十年的艰难前行，工业、军事、文化渐见成效。1888 年，北洋海军成立，但多年未曾增添军舰、改良设备，更从未重视日本一直以来的厉兵秣马、枕戈待旦。

1894 年 7 月 25 日，日本突袭朝鲜丰岛（在今韩国仁川市西部海域）海面的清军军舰，后击沉清军借用以运兵的英国商轮“高升号”，引发中日甲午战争。

1894 年 9 月 17 日黄海海战爆发，经过四个多小时激战，北洋海军损失惨重。次年 2 月，日军登陆刘公岛，攻陷威海卫海军基地，北洋舰队全军覆没。

三

在这场中外瞩目的海战中，北洋舰队中就有 12 位当年留学美国的英才。他们不畏艰险，沉着应战，其中陈金揆、沈寿昌、黄祖莲壮烈殉国。

值得一提的是时任“致远号”帮带兼大副的陈金揆（1864—1894 年）。他驾驶军舰，左冲右突，创多艘敌舰，更突破重围，解救“定远号”。

激战中，“致远号”弹伤累累，船身渐倾，但陈金揆早已置生死于度外。他与身为管带的番禺县龙导尾乡龙珠里（今广州市海珠区龙涎里）人邓世昌（1849—1894 年）默契合作，激励军士全力拼杀，在军舰不断沉没倾斜时，开足马力，鸣炮不断，冲向敌舰“吉野号”，以期同归于尽。“吉野号”日舰发射鱼雷，击中“致远号”，全体将士壮烈牺牲。一同牺牲的还有民族英雄、“致远号”管带邓世昌。

这些一同返回中国、一心报国的留美同学，虽屡遭挫折却仍意气风发，牺牲在烟波浩渺的黄海上，令一直参与洋务运动、致力军事发展的梁敦彦深感沉痛，更陷入深深反思。这令他想起1884年，中法战争爆发，他的同学詹天佑、容尚谦、吴其藻、杨兆南、黄季良、薛有福、邝泳仲积极参战，其中杨兆南、黄季良、薛有福、邝泳仲血染沙场。当时仍在广州、香港徘徊无助的梁敦彦对此一无所知，但事后深感同学们的爱国深情与高德大义。如今，面对节节败退的形势与进退无措的朝臣，梁敦彦陷入无边沉思。

第五节 深得张之洞器重

一

两国鏖战后，张之洞发现日本一直想侵占台湾。他致电台湾巡抚唐景崧（1842—1903年）不可轻易放弃台湾。因为，一旦台湾失手，则东南沿海永无安宁。唐景崧深知其中利害。

当时台湾岛民已疯传此事，议论纷纷，惶恐万分。唐景崧等虽向民众百般解释，仍无法平息民疑。后张之洞奏请朝廷，建议以台湾作抵押，向英国借款。如此，则英国断不愿日军占领。他也建议允许英国在台湾采矿，借英国维护台湾权益。事已至此，可见张之洞等人已无计可施。后因各国利益纠缠，此计落空。

张之洞不断致电唐景崧，建议他抗击来敌，力保台湾，更上奏朝廷，力陈台湾重要地位，但朝廷一意求和，退缩妥协，

1895年4月17日，李鸿章代表清政府与日本签订《马关条约》。根据规定，中国割让台湾岛及其附属各岛屿、澎湖列岛给日本，赔偿日本2亿两白银。后因三国干涉，辽东半岛未得割让。中国增开沙市（今湖北省荆州市）、重庆、苏州、杭州为商埠，允许日本在中国通商口岸投资办厂。该条约令列强可自由向中国输出资本，激起列强群起分割中国浪潮。

在整个过程中，张之洞不断致电朝廷，力陈救国方案，但无人听取。他又致电俄国、英国，请求帮助，均石沉大海。他痛心疾首，致电唐景崧说："此后何论自强，直恐不能自立矣。大局败坏，切齿痛心。"[①]

在密集的中外往来电报中，梁敦彦参与谋划与翻译，以精准语言去高效沟通，以求事半功倍。他看到内心焦急、愁眉不展的张之洞难以挽回局势，也心急如焚，十分无奈与痛楚。

张之洞后向朝廷力陈九条储才救国方略。包括：建造铁路，以偏僻小国借款，

① 吴剑杰编《张之洞年谱长编》，上海交通大学出版社，2009年，第304页。

以避免强国包办，获利后难以争辩；在内地要冲处设立枪炮厂，随时可应接战事；广开学堂，学习外国语言和现代知识与科技；讲述商务，保护商人等。

梁敦彦等人目睹张之洞面对败局仍求力挽狂澜，为日后国家发展出谋划策的忠诚，愈发理解张之洞虽为清流派首领，但绝非“无事袖手谈心性，临危一死报君王”，更感佩他在绝境中犹力求奋发，从未一蹶不振的精神。尤其是他冷静而深具大局观的目光，深刻影响着不再年轻的梁敦彦。从梁敦彦日后与各国交往中不卑不亢、坚守原则，甚至宁折不屈的风格中，也可依稀看到张之洞的影子。

二

光绪二十三年（1897 年）9 月 24 日，梁敦彦致电《申报》，澄清关于张之洞寿宴铺张的不实报道。其文字风格与内在风骨，隐隐折射出张之洞气息。

梁敦彦在电文中说：

“有初三日为湖广督宪张生辰，属员趋辕祝嘏者，设宴一百八十二席款之。粤绅馈电光烟水制万民伞数柄，精巧绝伦云云，不胜诧异。

督宪素惟高简，十余年来每过寿辰，向无举动，兄所素知。本年帅以时势多艰，尤为深自谦抑，预期持牌示喻文武巡捕，一概不准馈送礼物。寿辰之日，属员来辕祝嘏，不特未设一宴款接，且并未出见一客受贺，即署内文案委员亦未得见。所有礼物，一概未收，即寿帐寿联，亦全数璧还，依照汤文正故事，录其诗文，还其屏联。”[①]

同时，为驳斥报道所说“至电光烟火水制万民伞”[②]，他特别澄清：“更不知何物，并无其事。此不特彦一人所目睹确知，抑亦阖省官民所共仰也。”[③]

他婉转地提醒：

“不知《申报》如何讹传，失真至此，支离太甚。窃思《申报》素重纪实，间误登讹传，亦必即为更正，使知此事实在情形，当必乐为更正也。兄

① 吴剑杰编《张之洞年谱长编》，上海交通大学出版社，2009 年，第 515 页。
② 吴剑杰编《张之洞年谱长编》，上海交通大学出版社，2009 年，第 515 页。
③ 吴剑杰编《张之洞年谱长编》，上海交通大学出版社，2009 年，第 515 页。

盍往一见主笔，备告实情，俾得作为自行续访者重登报纸乎。”①

电文有理有据，语气婉转且不失严厉，深得张之洞外圆内方、柔中带刚的为事风格真传，也可还原张之洞简朴清廉的形象，妙手巧得，一举数得。由此可见年近四十的梁敦彦成熟老练的行政技巧与化解危机的能力。

三

这一年，梁敦彦的挚友蔡锡勇（1848—1897 年）去世。蔡锡勇为福建省龙溪县（今属漳州市）人。清同治六年（1867 年）毕业于广州同文馆，博学多闻，精通英、法、日文。早年工作于驻日本、秘鲁、美国公使馆，出任翻译。1884 年，张之洞任命他为洋务局委员。他精通外语，高效低调，深得张之洞器重。他虽为梁敦彦、辜鸿铭上司，但志同道合，为莫逆之交。

1889 年，张之洞任湖广总督，设湖北铁政局，蔡锡勇为总办，后更倾力于汉阳铁厂，由梁敦彦协助推进。蔡锡勇与梁敦彦彼此情深义厚，后更成儿女亲家。如今，蔡锡勇不幸早逝，令梁敦彦如断支柱，四顾茫然。

当时张之洞在为其申请抚恤的奏章中说：

> “志操廉正，器识闳深……于各国外政，畅悉利病源流，而天怀淡泊，任事樁诚，凡各国领事、江海税司以及矿师、洋匠、中外商贾，莫不钦其耿介，服其明达。”②

天怀淡泊、任事樁诚、耿介明达，蔡锡勇身上这些优秀品格，一直深刻影响着梁敦彦。此后，他敏慧谨慎、严谨坚忍，高举这位师长的火把，在晚清满是泥泞的夜路中继续探索前行。

四

清光绪二十四年（1898 年），光绪帝锐意改革，风动朝野。慈禧太后和光绪皇帝分别电召张之洞北上京城，面议大事。

---

① 吴剑杰编《张之洞年谱长编》，上海交通大学出版社，2009 年，第 515 页。

② 赵德馨主编，吴剑杰、冯天瑜副主编《张之洞全集（三）》（国家清史编纂委员会·文献丛刊），周秀鸾点校，武汉出版社，2008 年，第 481 页。

5 月 11 日，张之洞乘船北上，赶赴上海。“同行者有洋务文案钱恂、翻译委员辜汤生（即辜鸿铭——笔者注）、洋务文案兼翻译电报委员梁敦彦、文巡捕兼缮校委员张曾畴、电报学生梁敦教、缮校王家槐。”①

不过，船刚到达上海，沙市发生焚烧洋房事件。张之洞受命，马上赶回湖北，着手处理这一棘手事件。

船过镇江焦山。遥想近十年前，他们意气风发，杯酒纵横。如今，张之洞将所题写的诗卷《拜宝竹坡墓》送归寺僧。他留下一首诗歌：“故人宿草已三秋，江汉孤臣亦白头。我有倾河注江泪，顽山无语送寒流。”

经历过多重挫折的张之洞面对故人遗物，遥想昔日“分曹射覆蜡灯红”（唐李商隐：《无题二首》），如今“晨乐疏星独听钟”（张之洞：《拜宝竹坡墓其一》），不禁百感交集，也不知未来家国沉浮。

同行的梁敦彦、辜鸿铭等人虽深感张之洞力挽狂澜的沉毅与果决，但也无法深知一位自幼熟读经书，心怀天下，又开眼望洋、沉着砥砺的一代政治家那内心的波澜壮阔与无力回天的痛楚。他们目睹沉默的张之洞凝视着滚滚长江水，也陷入短暂沉默中，目睹渡船匆匆南返。

不过，从这次一行七人同入京城，可见梁敦彦、辜鸿铭在张之洞心目中愈发重要的地位。

五

张之洞发现广东、上海人仿照西洋机器缫丝，所出产品价格高于手工丝品三倍，且畅销海外，于是奏请设立纺纱厂，实行官商合办，更与比利时良济、英国瑞记两商行签订合同，购买机器。合同签订后，一切如常推进。后比利时领事催促款项，梁敦彦奉命致电，指出良济公司“违背合同，配机不匀，以致出纱短少，纱局年年吃亏”。② 因此，“所扣区区之数，尚不能抵偿纱局之亏耗”。③ 另外，

① 吴剑杰编《张之洞年谱长编》，上海交通大学出版社，2009 年，第 544 页。

② 《梁敦彦档四》，中国社科院近代史研究所编《近代史所藏清代名人稿本抄本》第 134 册，大象出版社，2011 年，第 21–22 页。

③ 《梁敦彦档四》，中国社科院近代史研究所编《近代史所藏清代名人稿本抄本》第 134 册，大象出版社，2011 年，第 21–22 页。

他继续驰电，驳斥良济公司抵赖，义正辞严，折射出他不卑不亢，维护国家和企业利益的坚定原则，深得张之洞好评。

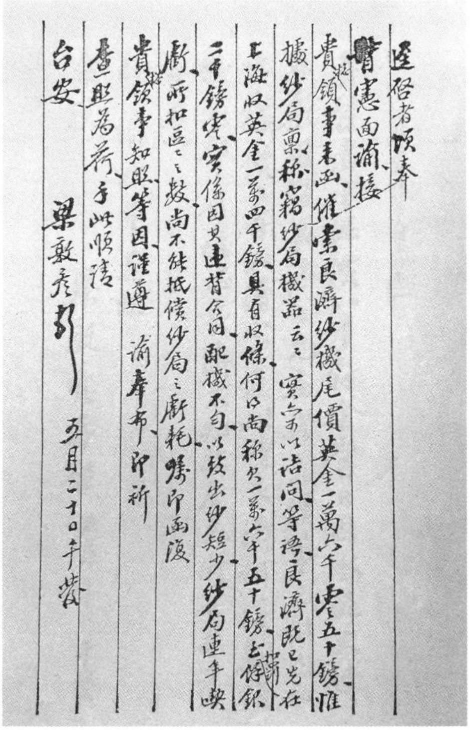

梁敦彦指出比利时公司违反合同导致丝织品质量不佳的现象——图片来源：《梁敦彦档一》，中国社科院近代史研究所编《近代史所藏清代名人稿本抄本》第 131 册，大象出版社，2011 年，第 59 页。

六

光绪二十四年（1898 年），张之洞在湖北铁政局设工艺学堂，梁敦彦任翻译与照料委员。光绪二十八年（1902 年），工艺学堂升格为高等学堂，梁敦彦升任提调，负责工程总调度。张之洞在《劝学篇》中提出设立学堂的宗旨：“照得本部堂创设工艺学堂招选学生，讲求算学、化学、机器制造等学，然无论何项学艺，总以中学为根底。中学以讲明四书大义，尤为切要。”梁敦彦将其“中体西用”思想落实到学校办学理念中。学堂课程设置与师资配置有效落实这一构想：令课程以实学为主体，严格要求学生须亲手操作各项工艺；令学生既能文辞雅达，又可动手制作，更能数理兼通；令学生学兼中西，文理相融，脱离书斋吟诵，目不识五谷、手不能缚鸡的传统儒生困境。梁敦彦更着力推行在“中学为体”的过程中最大化地落实张之洞“西学为用”的构想。因此，课程以西学为主，中学为辅。张之洞、梁敦彦深知，当时中国最急需的不是吟诗作对的儒生，而是应用型现代英才。1904 年，学校升格为湖北高等工艺学堂。当时的文件清晰地叙述其教学目标：“今改为工艺高等学校，所课理化、机器制造、染织、建筑等学颇有发达。”1907 年，学校搬迁，改称“湖北中等工业学堂”，设理化、机械制造、染织、建筑各科，前二年为预科，后二年为本科，着力培养现代实用性人才。

七

梁敦彦充分利用自己在美国学习时对现代教育的理解，在张之洞支持下，严格推进理论学习与生产时间相结合，着力培养学生的操作能力，积极派遣学生到日本留学，也礼聘国外专家任教登坛，传道授业。学校的设立，更重要的是打破昔日工艺技术不入主流的传统偏见，以卓有成效的教学成果令技艺立身，以工业救国的现代观念熏陶青年，成为青年学子向往投考的学校。湖北工艺学堂经过近百年发展，先后更名为湖北中等工业学堂（1907 年）、湖北省甲等工业学校（1913 年）、湖北省高级工科中学校（1922 年）、湖北省立汉阳高级工业职业学校（1935 年）、武昌高级工业学校（1949 年）。1952 年全国高校院系大调整，学校一分为五：土木建筑科并入今武汉理工大学、华中科技大学；机械科并入今武汉科技大学；纺织科并入今河南工程学院；电气科并入今郑州电力高等专科学校；化工科并入今广东轻工职业技术学院。

第六节 情深回眸家中人

一

从清光绪十五年（1889 年）开始，梁敦彦就生活和工作在武昌、汉口、汉阳，但一直与家中通信不断。凡家中事务，事无巨细，他均出谋划策，或与家人斟酌商量。弟妹们的学业、工作，他皆力所能及地安排与勉励督促。他还向家中寄去必需的费用并妥善分配。由此可见，他作为家中长子那沉重的责任与对家族兴旺的深切期望。

他最关心的是弟弟们读书上进的状况。

他指导弟弟开始潜心读书，更听说其“自六月初一起，每日读书写字看小说，并拟每月写两信来”，在家书中连写两个“极好”，欣悦心情，表露无遗。他又提醒这位弟弟：“惟是须要有恒心，日日如是，方好。宁每日做少些功夫，不可一日间断。”[①]

看到弟弟的书写略有进步，他又大力表扬一番，同时指出笔墨细节：“但笔墨嫌干。写字要将笔嘴开至一半，含墨多些，写字方有润泽，不然就觉干枯。笔要用厚的，不可用小笔、笔嘴薄的。”[②] 细致入微，兄弟情深。

至于读书方法，他对弟弟说：“看《石头记》，虽不是不好，惟不如买一部古文，有注解的佳。每天看一篇，有不识解者，可以问人，有喜欢的，便即读熟，则文理更易长进。”[③] 他知道妹妹有一部古书，建议他借来熟读。

---

① 《梁敦彦档二》，中国社科院近代史研究所编《近代史所藏清代名人稿本抄本》第 132 册，大象出版社，2011 年，第 99 页。

② 《梁敦彦档二》，中国社科院近代史研究所编《近代史所藏清代名人稿本抄本》第 132 册，大象出版社，2011 年，第 99 页。

③ 《梁敦彦档二》，中国社科院近代史研究所编《近代史所藏清代名人稿本抄本》第 132 册，大象出版社，2011 年，第 99 页。

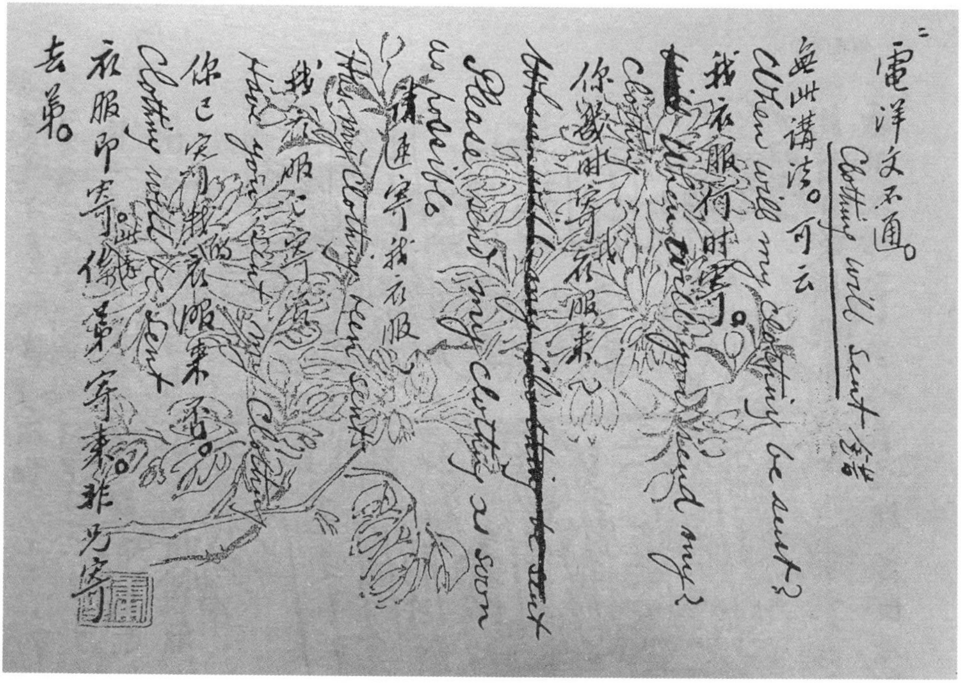

悉心教导弟妹学外文——图片来源：《梁敦彦档二》，中国社科院近代史研究所编《近代史所藏清代名人稿本抄本》第 132 册，大象出版社，2011 年，第 128 页。

谈到外文书，他的心得如下：

“无论何书，总以熟为贵，不宜贪多。中国人在中国学洋文语言文字，因说洋话听洋话时少，若不熟读，短短不晓用洋文虚字，即使晓用，临时讲话，亦一时想不到洋人字眼名称。可组建积蓄，不甚难。至于文法，则非熟读不可，即读文法书，亦是无益，万望将一首洋书读十日八日，读至烂熟，不思自来，方可再读别首。”①

这种方法，与曾国藩的读书原则相似：“读书不二，一书未点完，断不看他书；东看西阅，徒循外为人，每日以十页为率。”

他继续说：“兄教洋书数十年，深知此中难易，若得其难则随时加深字眼，

① 《梁敦彦档二》，中国社科院近代史研究所编《近代史所藏清代名人稿本抄本》第 132 册，大象出版社，2011 年，第 100 页。

便甚易矣。”[①] 这一心得体会，于今仍是珍贵经验。

二

家中围墙年久失修，他在信中屡次谈及此事：

“至家中围墙欲倒塌，诚为可虑，惟若兴工大作，全屋重建，则无此巨款，即有亦无人照料，不得已，只好将墙修过，待兄等回家再算。此墙不高，需添新砖不多，灰料亦无几，只需三四工人便可修好，何至用银十七八两，可写信回家，叫乌才之子两人或叫老叶将墙修过，买一千砖，只需几两钱银，灰一担，只需二三钱银，新砖买多些，少灰料砌过，至多不过数元便可修好。”[②]

梁敦彦深知他人各怀心事，但不着一言，只是细细计算各种费用，以求周密无误。可见他耶鲁大学经济专业的心清如秋水。

此事也可从另一封家书中获得旁证。

有一次，三叔来信，说家中兄弟即将娶亲，要白银百两。梁敦彦在给弟弟的书信中自叹历年当差，随来随去，无法筹措如此巨款。他诉苦说，如果家有盈余，则不至于母及三嫂所住房间破败不堪，“几乎不能屏蔽风雨，兄岂有不早为修葺？所以七八年来，年年无时不念想修，而尚未能者，皆因从来能宽余，不能兼及也”。[③] 可见他经济拮据，所存无几。

后来，他寄回五十七元，反复叮嘱：“八月、九月、十月三个月家用十五元，母亲八月过节零用十元，五月会银十元半，修围墙银七元，买绸缎一匹七元，伯母八月过节零用钱五元，代用礼银半元。”[④]

---

① 《梁敦彦档二》，中国社科院近代史研究所编《近代史所藏清代名人稿本抄本》第 132 册，大象出版社，2011 年，第 100 页。

② 《梁敦彦档二》，中国社科院近代史研究所编《近代史所藏清代名人稿本抄本》第 132 册，大象出版社，2011 年，第 101 页。

③ 《梁敦彦档二》，中国社科院近代史研究所编《近代史所藏清代名人稿本抄本》第 132 册，大象出版社，2011 年，第 115 页。

④ 《梁敦彦档二》，中国社科院近代史研究所编《近代史所藏清代名人稿本抄本》第 132 册，大象出版社，2011 年，第 101 页。

其中的八月过节为中秋费用，五月会银应是端午期间兄弟会或姐妹会或龙船会的费用。尤其是母亲、伯母皆有中秋零用钱，足见其孝顺情深。此外，他嘱咐他们若家中费用不足，则要及时告知，以免母亲为难。可见他为人通达，细致入微。

家无盈余，无法完善故园，一直是梁敦彦内心的痛楚事。

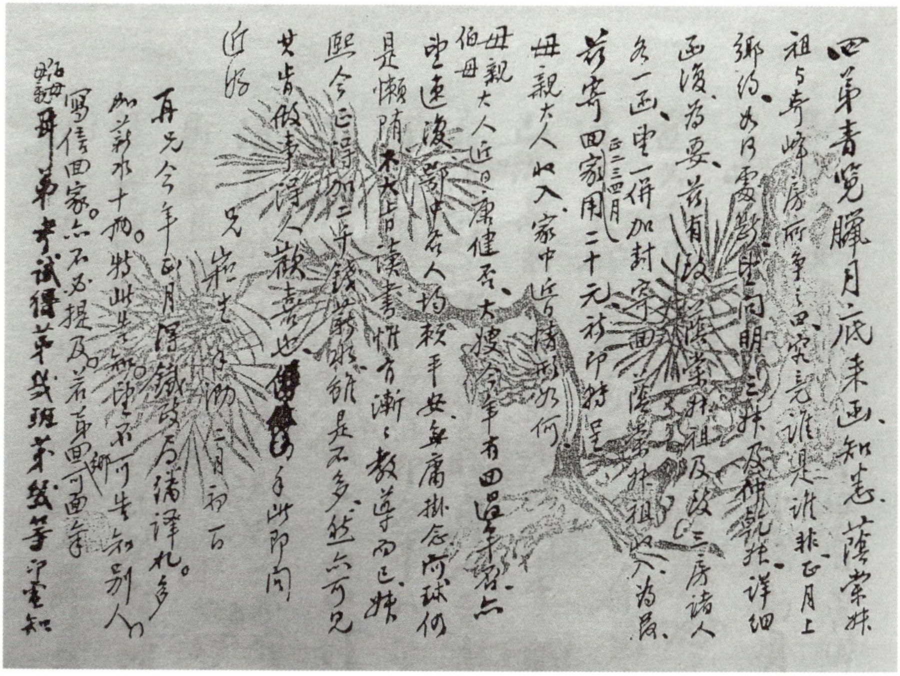

每封家书，都是详尽分配家中各种支出——图片来源：《梁敦彦档二》，中国社科院近代史研究所编《近代史所藏清代名人稿本抄本》第 132 册，大象出版社，2011 年，第 125 页。

三

后来，张之洞请辜鸿铭和梁敦彦每日晚饭后教他两个孙子学英语。辜鸿铭教五天，梁敦彦教五天，轮流教习。幸好这两位孙少爷聪明自觉，不算为难，梁敦彦也可获得少许讲课费以帮补家用。此事不仅说明梁敦彦的英文水平获得张之洞的高度认可，且其人品修养足以教导其孙，也可见出其德才出众，渐受青睐。

后来，他加薪四元，十分开心，如此，他又可向家中多寄家用。

四

出于对弟妹的关心，梁敦彦有时显得过分唠叨。他一再提醒四弟，如今江水暴涨，作为修建电线的工人，切莫轻易下水洗澡，以免卷入漩涡。上落小船，也要留意再三；更叮嘱其勤奋读书，以免他人背后议论，内心不服，“则多薪水亦是可羞”。

另外，其妹喜欢上街，梁敦彦认为：

> “女子须守闺门，佢正十四五，正是紧要之时。若常出街，外人闻知，恐人谈笑，此时最要紧，务必严加约束。别样性情可纵，此则千万千万不能，写信回家，最要劝母亲约束防闲也。”[①]

他写给弟弟梁敦教的书信也可见他对兄弟的一片深情：他知道弟弟想外出，多见世面，但觉得弟弟尚属年轻，加上家中有母亲和伯母、四兄，建议弟弟不可申请外地工作，而应潜心苦读。他指出：

> “惟是自己须勤学本事，华洋文字均须时时留心，将来成有用之才，自然有好处。无本事，无论到天脚底，亦是无益。朋友须择老成有见识之人，切勿交荒唐游荡之人，书要多看，无论中国书外国书，亦是有益。”[②]

从零碎的信件中，可见深受西方文化影响的梁敦彦内心对传统礼节与制度的坚守。这一矛盾交融，在他后来的从政经历与价值取向中隐约可见。

五

有一次，他寄回四十元家用，除买烧猪、花红外，余钱送给三妹。后来他说，这段时间用费太多，这四十元也是自己筹措所得，已无余款，若三妹再次催促，则可婉转告知。

年近岁末，谈及妹妹提出要买新衣服过年，但梁敦彦家无余款，屡感支绌，只得将太太的夹衫、袖衫寄去，暂时应对。信中还说，其夫人也并不愿意，只是

① 《梁敦彦档二》，中国社科院近代史研究所编《近代史所藏清代名人稿本抄本》第 132 册，大象出版社，2011 年，第 107—108 页。

② 《梁敦彦档二》，中国社科院近代史研究所编《近代史所藏清代名人稿本抄本》第 132 册，大象出版社，2011 年，第 118—119 页。

无奈相送。他嘱咐妹妹干净穿着，待日后有钱再买，但不可忘却归还衣服。其夫人的婉约大度，可见一斑。

信件中，他不时请家人寄来荔枝干、龙眼干、茶叶，一来纾解乡愁，二来敬送挚友，确是物离乡贵。

书信虽零碎琐屑，却清晰而真实地反映出梁敦彦情深、义重、温煦、细致的多重形象。

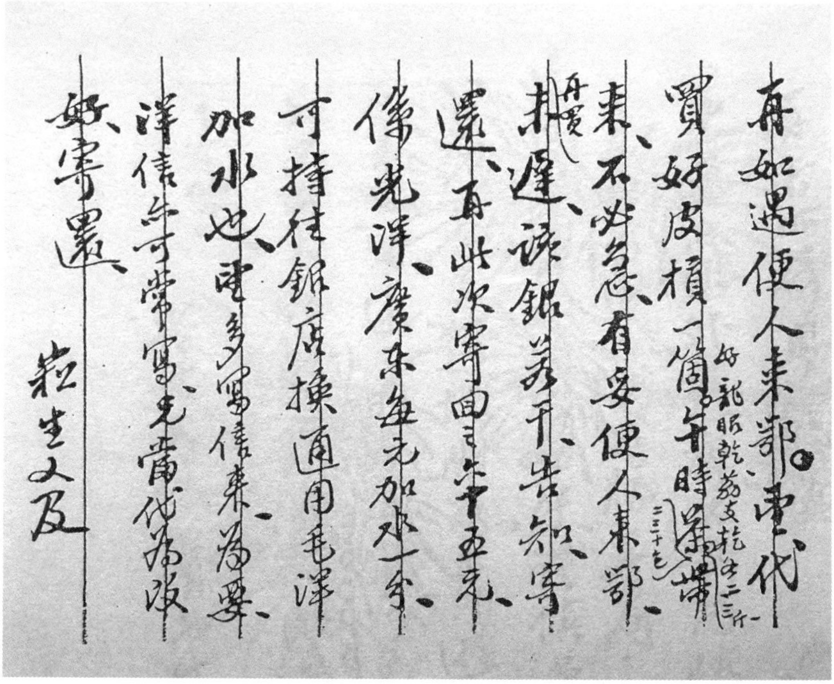
再如遇便人来鄂，壹代
買好皮槓一箇，并時（好龍眼乾、荔支乾各二三斤）（二三十元）
來，不必急，有妥便人來鄂、
攜遲，該銀若干，告知，寄
還。再此次寄回三十五元、
係光洋、廣東無光加水一分、
可持往銀店換通用毛洋
加水也。既多寫信來為要、
洋信亦可帶寫，先當代為收
好、寄還。
雅生又及

家书不忘嘱咐寄来龙眼干——图片来源：《梁敦彦档二》，中国社科院近代史研究所编《近代史所藏清代名人稿本抄本》第132册，大象出版社，2011年，第110页。

第七节　与辜鸿铭惺惺相惜

一

在漫长而辛劳的工作岁月中，梁敦彦与辜鸿铭相遇，二人渐成莫逆之交。他们彼此携手，一起走出困难重重的工作、生活岁月，更惺惺相惜，为那段压抑的漫长人生增添几分人性亮色。

辜鸿铭（1857—1928 年），名汤生，祖籍福建省同安县（今厦门市同安区），出生于今马来西亚槟榔屿（Penang Pula），相传母亲为葡萄牙人，自小在汉语、马来语、葡语、英语环境中成长。辜鸿铭十岁时随义父[①]来到苏格兰爱丁堡（Edinburgh），入读苏格兰公学，后就读于爱丁堡文法学校，渐通英、德、法、葡、拉丁、希腊文。1872 年，辜鸿铭进入爱丁堡大学文学院，专修英国文学，兼修拉丁文、希腊文。1877 年获爱丁堡大学文学硕士学位。1877 年，辜鸿铭进入德国莱比锡（Leipzig）大学土木工程系，1880 年获博士学位，后就读于巴黎（Paris）大学文学院。

辜鸿铭就读的爱丁堡大学——林梓彤摄于 2022 年 9 月

① 辜鸿铭之父辜紫云在槟榔屿担任英国牧师布朗的橡胶园总管。相传布朗夫妇无子女，曾将辜鸿铭收为义子。

1884 年 7 月，辜鸿铭进入张之洞幕府，任外务文案。此时，他与刚入张之洞幕府担任电报译员的梁敦彦相遇。

两个年纪相仿、学术背景相似的壮年英才接触渐多，更惊喜地发现彼此对转折大时代各种新旧大事有说不尽的共同话题。

当时围绕在张之洞身傍的有学富五车的陈三立、文廷式、沈增植、张裕钊等，而留学生出身的只有梁敦彦与辜鸿铭。他们在略感孤寂的张之洞幕府中彼此珍视，更以深厚的西方文化学识与敏锐深透的世界形势洞悉力而成为张之洞愈发倚重的助手。

二

当时梁敦彦家庭负担沉重，收入难以支撑来自家族各方面的需求。

1893 年，张之洞设立自强书院，教授数学、格致、化学等学科和外语。辜鸿铭担任方言教习，但身兼多职，无法终日在教室。他目睹梁敦彦常借款帮补家用，特向张之洞提出申请，邀请梁敦彦弟梁敦教北上担任助手，每月工资三两白银，负责看管学生，回答学生疑问，若自己久思难悟，也可由他们及时协助。其理由是梁敦彦这位弟弟英语口语标准，精通文法。对此，梁敦彦感恩不尽。他在家书中告知其弟，此为难得学习和出人头地的机会，嘱托他精进奋发。可见看似孤傲不羁的辜鸿铭，实则内心柔软、至情至性，也为沉默而内向的梁敦彦提供着不为人知的实际支持。

在此后几十年的交往中，他们彼此携手，互为帮助，一直走到人生深秋。这也算是梁敦彦在武昌的重要收获。

三

清光绪三十一年（1905 年），辜鸿铭调任外务部员外郎时，张之洞致电外务部称：

> “三品顶戴员外郎职衔辜汤生，号鸿铭，兼通英、法、德三国语言文字，得有英国大学罗马、希腊经科博士学位文凭，足比中国进士，并德国国家工

程学堂修业文凭。该员志趣端正，学问优长，各国皆知。久充敝处洋务委员，相随粤、鄂已二十年，深质得力，本难暂离。”①

同时，他觉得辜鸿铭在外十分不便，提出：“惟鄂省遇有交涉要务，应仍令该员随时来鄂办理，以期兼顾。特此预为说明。”② 紧接着，他以方便工作和办事得力为由，向外务部提出为辜鸿铭授以实官的要求：

“至该员在鄂办理洋务，出力有年，现调任充浦局坐办，可否由贵部奏请作为进士以六品郎中候选，授以实官，与外人交涉办事，体制较为相宜。”③

毕业于爱丁堡大学且精通多国语言的辜鸿铭成为张之洞的得力助手，也与梁敦彦结下深厚友情——林梓彤摄于 2022 年 9 月

张之洞为下属谋求更实惠的发展空间，也令辜鸿铭一生难以忘怀。

① 吴剑杰：《张之洞年谱长编》，上海交通大学出版社，2009 年，第 892 页。
② 吴剑杰：《张之洞年谱长编》，上海交通大学出版社，2009 年，第 892 页。
③ 吴剑杰：《张之洞年谱长编》，上海交通大学出版社，2009 年，第 892 页。

第八节　卓尔不凡的思考者与实干家

一

除却参与企业、学校的创建，梁敦彦凭借精深的英文与对世界大局的准确判断，以及应对得体的外交风度，成为张之洞众多幕僚中的佼佼者，愈发成为张之洞不可或缺的助手。日本重臣伊藤博文（1841—1909年）、英国谈判大臣马凯到达武昌，皆由梁敦彦先迎于码头。

精通经济、法律和熟悉中国情势的梁敦彦，对当时中外文化的各种理解差异与合同的模糊歧义处，都能切中肯綮，不偏不倚，令彼此各获其利，允当洽和，深得中外官商信赖。

1893年，宜昌、恩施发生焚烧抢夺教堂案件，法国要求清政府赔款四十四万两白银。梁敦彦孤身独往，力辨是非，舌战群强，最终以四万两白银终结此事，朝野称善。对此，《清外务部尚书梁敦彦的幕友生涯及〈梁敦彦履历〉勘误》一文记载如下：

“后复议宜、施两府焚抢教堂案，情节重大，法领事索赔偿费四十四万，经梁敦彦往议，只以四万了结，沪上报章称为从来未有。”①

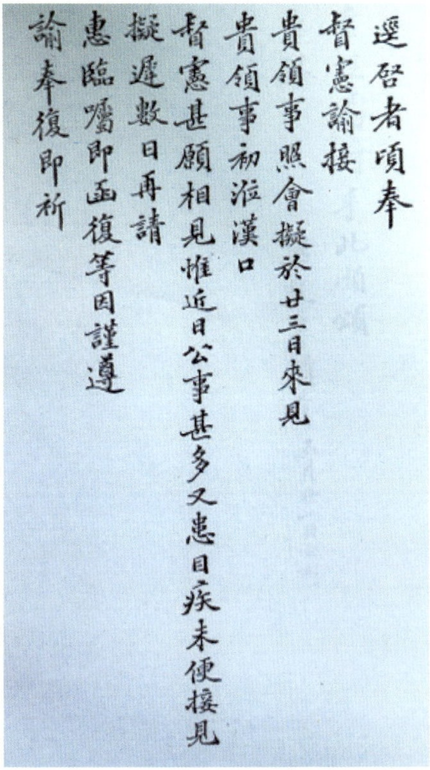
逕啟者頃奉
督憲諭接
貴領事照會擬於廿三日來見
貴領事初蒞漢口
督憲甚願相見惟近日公事甚多又患目疾未便接見
擬遲數日再請
惠臨嘱即函復等因謹遵
諭奉復即祈

梁敦彦常受张之洞委托，直接处理各种外交事务，往往事半功倍，深受重用——图片来源：《梁敦彦档四》，中国社科院近代史研究所编《近代史所藏清代名人稿本抄本》第134册，大象出版社，2011年，第18页。

① 裴燕生：《清外务部尚书梁敦彦的幕友生涯及〈梁敦彦履历〉勘误》，《档案学通讯》2008年第1期。

二

梁敦彦曾为张之洞代笔，力斥比利时等国企业不守信诺，将本可能衍生为国际政治事件的祸端化解为纯粹的商业纠纷，有效缓解地方政府和朝廷的重压。

甲午战争后，清政府力求快速购买先进武器。地亚士洋行商人向梁敦彦兜售武器，更贿以重金，梁敦彦直面怒斥，令其道歉辞去。后此人说：梁某有钱不要，真是痴人。梁敦彦在湖北承办军火事务，精打细算，力求节省，万金过手，不取一毫，深受中外官商赞誉。对于上述情形，《清外务部尚书梁敦彦的幕友生涯及〈梁敦彦履历〉》一文记载如下：

> “其时国防情急，欲购办德国军火，有地亚士洋行西人名布海斯代来南京兜售，先馈尚书重金冀以贿成，梁敦彦怒斥说，汝视我为何等人！布海斯代即再三道歉而去。布海斯代回沪向人云，梁某有钱不要真是痴人。梁敦彦在鄂在宁，前后承办军火，经借洋款不下千余万两，应得中款悉以归公，为国省钱不可胜数，外人均相敬畏，中外报章时时赞扬。”①

《辛丑条约》签订后，赔款数目国内无人核算，久不得决。梁敦彦在美国耶鲁大学研读经济专业期间，精于现代算学，对款项计算方式进行重新审读，不确处一一指出并逐一更正，为国家减少大笔赔款。张之洞与端方（1861—1911 年）对此大为赞赏。对此，《清外务部尚书梁敦彦的幕友生涯及〈梁敦彦履历〉勘误》一文记载如下：

> “辛丑条约签订之后，刘坤一、张之洞两人曾说，议和后赔款之数已定，而计算之法国内核算无人。此事久不得决，梁敦彦在美国是学经济专业的，精于算学，最终交由梁敦彦将计算书督理编审。对于计算书中的问题，梁逐一指驳更正，争回利益为数甚多，张之洞、端方二人十分嘉许。”②

① 裴燕生：《清外务部尚书梁敦彦的幕友生涯及〈梁敦彦履历〉勘误》，《档案学通讯》2008 年第 1 期。

② 裴燕生：《清外务部尚书梁敦彦的幕友生涯及〈梁敦彦履历〉勘误》，《档案学通讯》2008 年第 1 期。

三

《辛丑条约》签订后，国内官员都力劝以练兵为重。梁敦彦则建议练将为上，参考美国制度，训练将官，令其文武兼备，中西融通，一旦烽火四起，将帅树旗则兵马自现；更建议选择良家子弟，出洋留学，系统学习军事，邀请军事专家登坛授课，如此则将精帅敏，兵马自然百战不殆。可惜，良言大策，无人听取。

他更断言，一味兴学堂，练新兵，国内无将帅统领，学生无所适从，必将导致国家大乱，但当时无人愿听。后来情势，悉如梁敦彦所预言，也折射出他的清醒而理性。有时候，他也体会到陆游的愤言：“却将万字平戎策，换得东家种树书。”

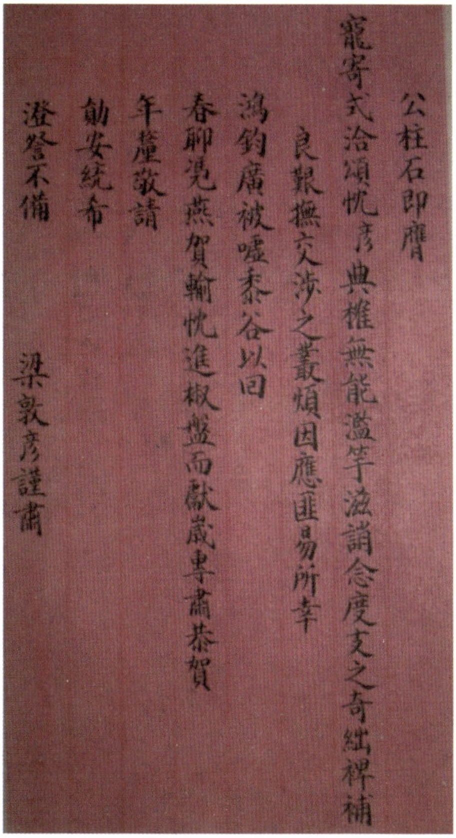
公柱石即膺
寵寄式洽頌忱彥典椎無能濫竽滋誚念度支之奇絀裨補
良艱撫交涉之叢煩因應匪易所幸
鴻鈞廣被噓黍谷以回
春卿凫燕賀輸忱進椒盤而獻歲專肅恭賀
年釐敬請
勛安統希
澄鑒不備
梁敦彥謹肅

广交朋友的梁敦彦成为不同阶层人士的挚友

——吴范夫供图，1998 年夏

四

梁敦彦与驻扎中国的各类外国官员、商人建立紧密而友善的关系。据介绍，1902 年英国政府派马凯来华，梁敦彦与其商议收回治外法权，字斟句酌，锱铢不让，但刚柔相济，两相有得，马凯深佩其德才，遂成挚友。对此，《清外务部尚书梁敦彦的幕友生涯及〈梁敦彦履历〉勘误》一文记载如下：

> “1902 年 5 月充商场局、工艺局提调，这年英国派马凯来议商约，六月至鄂，梁敦彦随议商约并及收回治外法权，定列约章，赞助最力。”①

① 裴燕生：《清外务部尚书梁敦彦的幕友生涯及〈梁敦彦履历〉勘误》，《档案学通讯》2008 年第 1 期。

不少驻中国大使都致信梁敦彦请教对外事务方略。他也真诚地提供各种务实而专业的建议，逐渐构成一个庞大而高效的信息网络与人力资源，为张之洞作各种决策提供大量及时、有效、精准的参考依据，而各种人力资源和网络信息，也为他日后成为举足轻重的外交大臣埋下重要伏笔。

五

幕僚并非官方身份，低微的收入与沉重的家族负担，尤其是漫长且缓慢的升迁道路，令梁敦彦不时深感生活的不易与未来的明灭难定。

光绪二十七年（1901年），张之洞奏报他免选为直隶州以知府选用，加盐运使衔；二十八年（1902年）张之洞与他一同北上京城，受两宫皇太后、皇帝接见，后令他能以“道员发往湖北补用”，同年补奏为汉黄德道。光绪三十年（1904年），他正式任职。

在外人看来，为官外省，风光无限，然而，对于内心丰富、独好深思的他来说，远非如此。他在给弟弟的信中说：

“兄自十几岁奔波至今，今日精神心志大不如往年。日日思家，不想在外做事。急望妹熙与弟奋力相助，俾兄得以杂家清茶淡饭，足矣，更无敢多求。”①

六

1893年，三十五岁的梁敦彦携眷返乡，暮年多病的母亲含泪苦留，不允许他再回湖北。梁敦彦伤心泪落，致电张之洞祈求辞职。此时，张之洞在湖北致力洋务，身边缺少梁敦彦这样精通西洋制度文化的英才。他指令赵凤昌来电，提出可为梁敦彦提供长久工作岗位，且提升一级，更寄来大笔费用以作安家支出。梁敦彦深感张之洞深情厚谊，辞别老母，携眷北上。此时，他为帮补亲戚，已耗尽积蓄。由此可见，他为官四方，辗转沉浮，远非本愿，但为家国计，只得勉励前行。对此，《清外务部尚书梁敦彦的幕友生涯及〈梁敦彦履历〉勘误》一文记载如下：

① 《梁敦彦档二》，中国社科院近代史研究所编《近代史所藏清代名人稿本抄本》第132册，大象出版社，2011年，第116页。

“7月携眷告假回粤省亲，梁敦彦时年三十五岁。回家以后，孀居四十余年的暮年多病的母亲含泪苦留，无论如何也不放梁敦彦回湖北。梁敦彦拟在家奉养诸母，致电文襄，乞请销差。因做幕友只不过是为他人作嫁衣裳，默默无闻，不是朝廷命官，多无出头之日，梁敦彦对此并没有多大兴趣。但此时张之洞正在湖北大办“洋务”，急需精通洋务之人。梁敦彦这种有多年留学经历的人正是他所需要的，就让手下文案幕友赵凤昌去电敦请。赵凤昌电中说，督帅情意极厚，鄂省铁布枪炮银元等局急需人才，将要为他安排一长久位置，保一升阶，并说可把亲属也带来奉养，还要汇来盘费百金，云云。梁敦彦见张之洞情意殷切，垂爱有加，感激万分，盘费也没要，携带亲属又回到文襄幕下。梁敦彦佐文襄幕近10年，积蓄仅千余金。而这次回乡，对于族邻戚里的贫寒之人，有婚有丧则帮助赠给，很快就已用尽了。”①

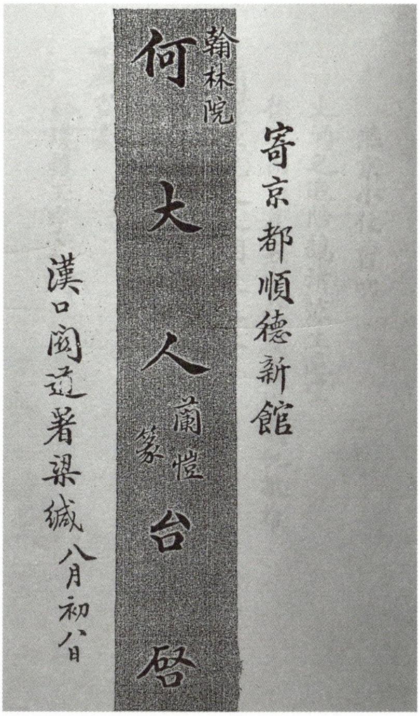

梁敦彦与朝中顺德籍官员交往密切，成为他日后顺利推进各种工作的良好基础。此信中的何兰恺为顺德乐从镇沙边村人何国澧（1859—1937年），光绪戊戌年（1898年）翰林——图片来源：《梁敦彦档三》，中国社科院近代史研究所编《近代史所藏清代名人稿本抄本》第133册，大象出版社，2011年，第569页。

七

虽然后来张之洞开始委以重任，但梁敦彦的升迁仍是缓慢而曲折。

他的留美同学中，梁诚在1903年已作为三品官员出使美国、秘鲁，唐绍仪、梁如浩等人也以四品官的身份随袁世凯远赴朝鲜半岛，从事商业的黄开甲已成为上海银行买办，而年过四十的梁敦彦还在各种后补等待中往来奔波，故梁诚得知同学中最出色的梁

① 裴燕生：《清外务部尚书梁敦彦的幕友生涯及〈梁敦彦履历〉勘误》，《档案学通讯》2008年第1期。

敦彦依然“斯人独憔悴”时深感不公，但对内心梦想从未中断的追求，为家人带来的荣耀，成为支撑梁敦彦一直前行的重要力量。

不过，常年游刃有余地应对纷繁急迫的中外事务，梁敦彦对朝廷制度与中西文化拥有更深刻而透彻的认识，他更在制度设置的缺陷与官僚群体见识不足中努力寻找弥补与完善的空间和突破点，这也成为他后来得以迅速脱颖而出的重要基石。

1884—1904 年，梁敦彦在张之洞幕府中经过二十年磨砺锤炼，最终成为敏捷稳健、刚柔并济、中外融通的外交干才。

八

在漫长的幕僚生涯中，张之洞虽不时力荐，但端方的上奏起到关键作用。据《清外务部尚书梁敦彦的幕友生涯及〈梁敦彦履历〉勘误》一文介绍，1903 年，端方保荐梁敦彦，原文称：

> “该员梁敦彦游学欧美两洲最久，谙其语言文字则情易通，悉其风土人情则事易举，承办交涉历有年所，明悉条约，论事理轻重缓急，悉协机宜。而耿直清介，各国领事均所推服，洵堪出使之选。查该员业经张之洞奏保送部引见……臣到鄂三年，叠经督同梁敦彦筹办洋务，深悉其掺腹器器识，克副使才……”①

后来，他还将梁敦彦推荐给庆亲王奕劻手下的干将铁良（1863—1938 年），更

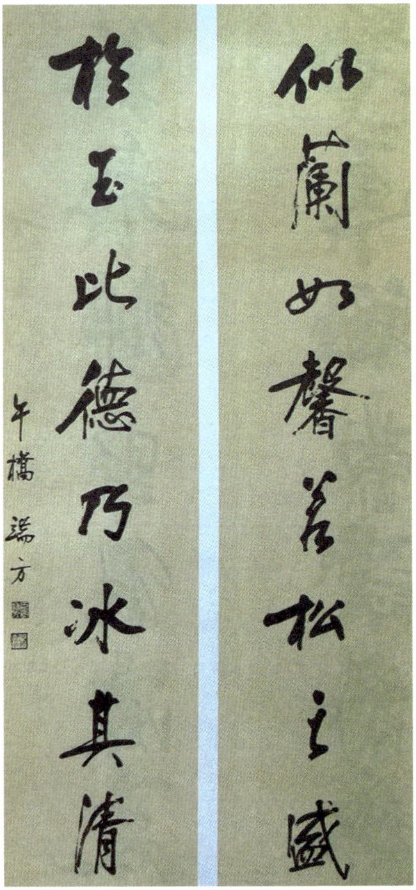

端方书法——图片来源：王经鑫主编《名家楹联精品集》，东方出版中心，2015 年，第 448 页。

① 裴燕生：《清外务部尚书梁敦彦的幕友生涯及〈梁敦彦履历〉勘误》，《档案学通讯》2008 年第 1 期。

委托铁良指导内向的梁敦彦如何社交应酬。后来，梁敦彦果然在端方力荐下获得湖北汉黄德道合兼汉江关监督的实授官职。光绪三十年（1904 年）接印任事，从此脱离幕僚身份，走上仕途。他由此进入京城官员体系，才得以接触到对他后期人生影响深远的袁世凯。

端方（1861—1911 年），字午桥，满洲正白旗人，光绪八年（1882 年）举人，光绪二十四年（1898 年）任直隶霸昌道。光绪二十六年（1900 年），端方因接驾有功，任河南布政使。光绪二十七年（1901 年），端方升任湖北巡抚。在多年交往中，他深感梁敦彦中西兼通，品行醇清，性格耿介，人才难得，故倾力推荐，可称伯乐。

因此，张之洞令梁敦彦安身立命，施展才华；端方令梁敦彦转变身份，脱颖而出。

从 1885 年到 1904 年，梁敦彦跟随张之洞近二十年。丰富而扎实的行政经历与务实且高效的为事风格，为其迅速成为干练的高级官员打下深厚基础，而开阔的视野与长年积累的外交经验和广阔的国际人脉资源，令其在更巨大的平台，尤其是外交领域得以不断施展其满腹才华与久蓄抱负，逐渐成为清末民初备受瞩目的外交重臣。

第四章
初露锋芒

第一节　出任津海关主官

一

清光绪三十年（1904 年）8 月 27 日，光绪帝颁谕：“直隶津海关道员缺，着梁敦彦补授，着即迅速赴任。”这一年，梁敦彦已是四十六岁。

清咸丰十年（1860 年），天津港对外开埠，成为通商口岸。

天津为当时中国北方重要的对外贸易港口。

同治九年（1870 年），李鸿章出任直隶总督，天津逐渐发展为中国近代外交与洋务中心。李鸿章特设“津海关道”作为专门独立衙门，处理洋务与新钞税务。其主官亦称“津海关道”。

津海关道主官素以其折冲尊俎、远交近攻、纵横捭阖、以柔制刚的外交策略，令津海关道成为当时所见不多的高效对外事务部门。它以不卑不亢、就事论事的风格处理中外纠纷，更以据理力争、折中冲和的策略在外强环伺中力保权益，成为直隶总督兼北洋大臣处理中外事务的重要机构。正如谭春玲在《晚清津海关道研究》的摘要中所说：

> “同一时期，清政府也经历了从最初被迫无序办理对外交涉到中央建立外务部，确立正式外交体制的演变历程。津海关道作为中央的一次区域性尝试，见证了中国近代外交演变的全过程。
>
> 津海关道与天津海关洋税务司共同管理津海关事务，是权责互补之同僚。但津海关道在管理津海关事务时占据主要地位，是津海关名副其实的主要领导者。
>
> 在立足于交涉与海关事务之外，津海关道还凭借其才能，日渐被李鸿章倚为股肱助手，成为协助李鸿章创办和管理各类洋务新政事业的首席大将。”①

① 谭春玲：《晚清津海关道研究》，华中师范大学博士学位论文，2012 年。

二

出任津海关道的主官，大多视野开阔、致力改革、刚柔并济、博学多谋，如周馥（1837—1921年）、郑藻如（1824—1894年）、盛宣怀（1844—1916年）。

周馥（1837—1921年），字玉山，号兰溪。安徽至德（今安徽东至）人。周馥屡试不中，清同治元年（1862年），李鸿章组建淮军，周馥入幕，以其深谋远虑、稳健谨慎深得李鸿章倚重，后从县丞、知县一直升迁到永定河道。周馥后在北洋海军、北洋水师学堂、天津武备学堂、天津电报局、开平煤矿及唐胥铁路的创办过程中贡献突出，成为后期洋务运动的实际主持人者。

郑藻如（1824—1894年），字志翔，号豫轩，又名玉轩。广东广州府香山县（今中山）濠头乡濠头村人。清咸丰元年（1851年）举人，后为曾国藩、李鸿章幕僚，致力洋务、外交。累官至光禄寺卿，获赐赏花翎二品。清代同治八年（1869年）任江南机械制造局帮办，掌管枪炮、弹药、机器、轮船和船坞制造与建设。清光绪七年（1881年），郑藻如以三品官衔大臣出使美国、日斯巴尼亚（今西班牙）、秘鲁三国。1882年，郑藻如向美国总统要求否决排华议案。

盛宣怀（1844—1916年），字杏荪，又字幼勖、荇生、杏生、号次沂、又号补楼、别署愚斋、晚年自号止叟。江苏省常州府武进县（今常州市）人。盛宣怀早年在轮船、电报、铁路、钢铁、银行等领域率先探索，经验丰富，更致力协办洋务运动。他坚韧任事，才识敏瞻，雄才大略，热心公益。他早年协助李鸿章致力洋务，深谋大略，智勇双全，更目光深远，意志坚定，俱以国家大义为重，故能舍身求义，精进奋发。盛宣怀为邮传部大臣，创立南洋公学（今交通大学）、天津大学堂（今天津大学）、中国红十字会等，开风气之先。

光绪二十七年（1901年），袁世凯升任直隶总督兼北洋大臣，其得力干将唐绍仪（1862—1938年）出任津海关道主官。

唐绍仪为今广东省珠海市唐家湾镇唐家村人。清同治十三年（1874年），作为第三批留美幼童赴美留学，就读于哥伦比亚大学。光绪七年（1881年）回国，曾随袁世凯任驻朝鲜王朝都城汉城（今韩国首都首尔）领事、驻朝鲜王朝总领事，后任全国铁路总公司督办、税务处会办大臣、邮传部左侍郎等。

在任期间，唐绍仪妥善而高效地处理八国联军所占天津城区，令其有序撤出，更强有力收回秦皇岛口岸管理权。他在列强威胁中凛然不惧，据理力争，深得朝野称颂。后袁世凯上奏朝廷，盛赞其德才。

光绪三十年（1904 年），清政府任命唐绍仪为全权议约大臣，赴印度与英国代表谈判有关我国西藏地区的问题。上任前，他力荐才深识广、视野开阔、沉着果决的留美同学梁敦彦出任津海关道员。

从此，梁敦彦进入人生初露锋芒岁月，淋漓尽致地演绎着“久伏者，飞必高”这一古老哲言。

第二节　推行惠民措施

一

任职津海关道员期间，梁敦彦务实勤勉，惠民良多。据天津文史专家井振武先生介绍，1900年后，西方列强入侵中国，在天津海河东岸相继建立俄国、意大利、比利时与奥匈帝国[①]租界，位于天津卫城东门外的东浮桥，地理位置日趋重要。东浮桥始建于清雍正八年（1730年），当时青州分司孟周衍目睹一河横隔两岸往来船只，奏请建桥一座，以便民众生活劳作与盐船检查。桥建成后，人皆称善。此桥遂名为“孟公桥”。又因盐官厅处于桥东，故也称“盐关浮桥”。

梁敦彦主持建设的金汤桥，如今仍是天津重要交通枢纽——甘慕仪摄于2023年12月

① 奥匈帝国是欧洲历史上一个立宪制二元君主国，建立于1867年，1918年解体。从奥匈帝国分裂出的现代国家有奥地利、匈牙利、捷克、斯洛伐克、塞尔维亚、黑山、克罗地亚、斯洛文尼亚、马其顿、波黑等。此外，波兰、罗马尼亚、意大利也获得部分奥匈帝国的领土。

井振武先生在《百年金汤桥，一座有故事的桥》说：随着经济发展，它“成为城厢河北及南市一带商旅货物往来老龙头火车站的必经之路”。1905年10月，津海关道主官梁敦彦与奥匈帝国领事官贝瑙尔商议合作新建铁桥一座，直隶总督袁世凯迅速批准。铁桥选址位于东浮桥南约18米处，费用预算为12500两白银。其中，中方出资37%，奥匈帝国、意大利两国租界共出资27%，比利时电车公司出资36%。后来比利时电车公司投资超过一半。

合同清晰规定：“河道属于中国管辖，铁桥落成及东浮桥均为中国政府物业，由中方派巡捕管理，修缮费用由中方自筹、桥梁自修。”这是当时备受瞩目的“引进多方资金合作修建大桥的项目”。

作为津海关道主官的梁敦彦坚持其一贯国家为上的风格，通过引用外资推动地方现代化发展，在当时国弱民疲、财乏力竭的困境中，仍坚守底线，不断拓展中外合作空间，其中的底气与勇气，源于对国家与时代的负责与担当。

如今的天津人，仍高度评价梁敦彦建造金汤桥的功绩——周惠玲摄于2023年12月

井振武先生介绍说：“大桥交由比利时电车公司承办，聘请比方设计师监造，于1906年10月落成。桥梁分三孔，桥长76.4米，桥面总宽10.5米，其中车道宽6.8米，建筑造型美观，是一座严格意义上的近代开合式桥梁。”1906年11月，梁敦彦取“固若金汤”之意，将新建东浮铁桥命名为“金汤”，袁世凯批准此名。后东浮桥拆除，1908年金汤桥铺设铁轨，井振武先生介绍说：“开通北大关、东北角、沿河马路，过金汤桥，

穿过奥匈帝国租界，途经意租界，直达老龙头车站的红牌电车”。

大桥为地处天津的不同国家民众提供难得的现代交通便利，有力促进城市的融合与发展。2018 年 1 月 27 日，“中国工业遗产保护名录（第一批）”正式公布，包括江南机器制造总局、汉阳铁厂、京张铁路等 100 个项目。其中，金汤桥与大沽船坞（现为北洋水师大沽船坞遗址纪念馆）、天津碱厂（天津碱厂厂史馆）成为天津的入选项目。

二

1903 年，天津海关道员唐绍仪和挚友梁如浩、蔡绍基等荟萃天津，倡议筹建广东会馆。梁敦彦、曹嘉祥积极响应。他们凑资两万元，将盐运司旧址买下。同时，联合南海县籍富商、天津怡和洋行老板梁炎卿（1852—1938 年）、陈绍常等 41 人与宏远堂、常丰盛等七家商号一道，倡议广东同乡积极参与。梁炎卿被公推为主办人。广东会馆于 1903 年底动工，1907 年落成。

广东会馆外观——魏斌摄于 2022 年 11 月

广东会馆古老戏台——魏斌摄于 2022 年 11 月

会馆规模宏大，材料皆由广东运来，融合北方四合院与岭南庭院风格，令人有宾至如归的亲切感。会馆由门厅、正房、配房、戏楼和跨院、套房构成，可让广东老乡平时观戏听歌、饮茶进餐、商议业务、交流结友。会馆木雕精美，装饰典雅，更有店铺住房出租营业。会馆大殿西侧走廊墙壁嵌有顺德人佘莹所撰《创建广东会馆碑记》。会馆于 2017 年 12 月 2 日入选第二批“中国 20 世纪建筑遗产”名单。

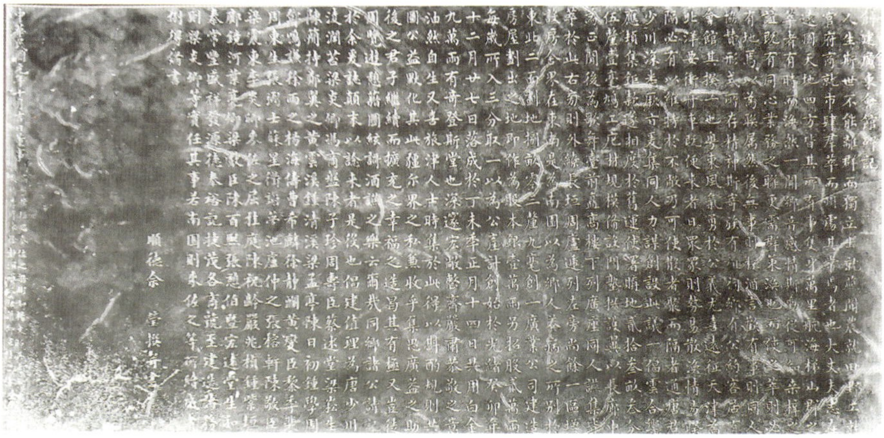

创建广东会馆碑记中，可以见到梁敦彦、曹嘉祥、周寿臣等留美学子名字——曹树潮摄于 2023 年 12 月

第三节　妥善处理纷争

当时天津虽设有卫生局，但经费一直无法核定。梁敦彦出任津海关道员后，认为疫情到来往往迅猛而大规模，平时要做好各种预防措施，临时拨款多令人措手不及。天津为国内重要商埠，又是北洋大臣驻扎处，中外官商汇聚此地，一旦发生疫情，涉及国内外关系。因此，他“力排众议，宽定经费，按月将经费拨发给他，储存备用，还保举屈（桂庭）为‘四品花翎’，官同知府”。[①]

屈桂庭为广东省番禺县人，毕业于爱丁堡大学医学院。他获得经费后，周密部署，备用充裕。后天津果然发生疫情，因未雨绸缪，应对专业，最终化险为夷，而其他省份，因预料不足，跋前疐后。因此，人们对梁敦彦的谋事于先赞赏有加。

八国联军侵占天津后，天津各租界领事任意在租界内占用官民土地。

> “天津地面交回后，又借口推广租界案不肯交出。梁敦彦到任后，指明推广租界与交还占地为两回事，一面将推广租界地址划定，一面清查占地。各领事无词答对，只好将占有之地交还。”[②]
>
> 这些地段都是繁华闹市区域，退还后，天津人又可经营其中。对此，天津商民多次敬送牌匾，称颂其德。

---

① 张绍祖、张建虹：《交通总长梁敦彦的传奇生涯》，《天津政协公报》2007年第11期。

② 张绍祖、张建虹：《交通总长梁敦彦的传奇生涯》，《天津政协公报》2007年第11期。

第四节　主持煤矿项目

一

梁敦彦虽为津海关道主官，也同时协助袁世凯开设临城煤矿、井陉煤矿。

临城煤矿位于河北省临城县西北。1891 年，当地居民以土法开采煤炭，自行外销。1892 年，李鸿章重启久废的临城矿井。1897 年，李鸿章委派钮秉臣集资筹建“临城矿务总局”，募资 10 万元，开小窑 22 处，悉用土法开采，遇水停工，屡兴屡废。

1898 年，比利时工程技术人员得知临城煤矿质佳量大，提出与清政府合营开发的要求。当时临城煤矿项目正举步维艰，清政府立即答应此要求。这一年，在李鸿章、盛宣怀推动下，双方签订《中比合办临城煤矿草约》，后因义和团运动，未能实施。后虽彼此几经商议，再度设定合同，但因观点不一，未能推进。

二

袁世凯深知开采煤矿需要外国先进技术和充足资金，但权利不可随意让渡，于是委派津海关道主官唐绍仪直接与比利时拟定合作模式，后因唐绍仪另有任命，梁敦彦作为津海关道主官接替唐绍仪与比利时商人继续谈判，于 1905 年签订《临城矿务借款合同》。合同主要内容：

> “临城矿务局向比利时卢汉公司借款 300 万法郎，约合白银 923000 两，年息 7 厘，期限为 30 年，前 15 年按借款交到实数付息，自第 16 年起分年还本；临城矿务局本有之利益以及各项产业、房屋、矿井、机器连勘验费内在共值 50 万两白银，比公司于借款内先拨还矿务局 15 万两，剩余的 35 万两作为矿务局股本；所有该矿务一切事宜由临城矿务局与卢汉公司合办……两年内购置新式机器；临城煤矿生产的煤炭由卢汉铁路运输，实行优惠费……临城矿务局未经卢汉公司同意，不得与他人另立合同，卢汉公司未经临城矿务局允准，也不得将其合办权利与股份转让给他人；至 30 年本息全清，合同作

废……”[①]

这次签订的合同有力维护中国的领土主权和矿山开采权，有效增加政府的财政收入，更兼顾卢汉公司和临城矿务局双方的利益，是一个平等互惠的合同。

三

此外，“因（临城煤矿）紧邻京汉铁路，铁路运输成为临城煤矿的主要运输方式。同临城煤矿一样，京汉铁路也是由比利时资本投资的中外合办企业，路矿合营。这就为临城煤矿创造了得天独厚的条件。

1905 年签订的《临城矿务借款合同》中的第 13 款，实际上是临城矿务局与京汉铁路的互惠条款：卢汉铁路公司承运直隶临城矿务局所出之煤，所有运费须按每次各车满载煤斤，不拘远近，每吨应交运费不得过洋 1 角 5 分，再按每英里计算，每 1 英里从廉加给运费每吨不得过洋 1 分以上，价则系按每洋合 2 佛朗以上计算，倘每洋合 2 佛朗以下，其价英另行递加，至卢汉自用之煤，其煤价可照本处公平价，按七五折算给。”[②]

低廉的成本，有效减少运输费用，降低煤炭价格，增加市场竞争力，形成互利共赢的良好局面。

四

“为了把临城煤矿和京汉铁路连在一起，临城矿务局专门修建了临城支线铁路（又称“鸭祁支线铁路”），东起京汉铁路鸭鸽营站，西至祁村站。”[③]

临城煤矿于 1905 年动工，1908 年竣工。产煤可直接从临城煤矿运送至京汉铁路任何地区，大大拓展了临城煤矿的销售市场。此外，清末民初“临城西南约 25 里半为石盘道，汽车往来频繁，祁村正西约 25 里，道皆平坦，可通马车，柏

① 郭立彬、雷宏谦：《中比合办临城煤矿述论》，《邢台学院学报》2012 年第 1 期。

② 王铁崖：《中外旧约章汇编（第二册）》，北京：三联书店，1959 年，第 37–39，289–291，292 页。

③ 郭立彬、雷宏谦：《中比合办临城煤矿述论》，《邢台学院学报》2012 年第 1 期。

乡县东约 15 里，道路平坦。通过这些简易的乡间道路，临城煤矿把煤销售到附近村镇。”①

他们还将煤运送到北京、天津等大城市，更沿石太（即石家庄到太原）、京绥（即从北京出发经张家口、大同、呼和浩特到包头）、京奉（即北京到沈阳）铁路不断拓展，延伸到更广阔的市场。

五

“（临城煤矿）1905—1919 年采用中比合办的方式，大量引进西方新式采煤设备，采用较先进的采煤方法，并将西方采矿业的经营管理方法应用于煤矿，摆脱了旧的生产和经营管理模式，实现了从传统手工开采向近代机械化开采的转变，加速了临城煤矿的近代化。中比合办期间的临城煤矿，不论技术设备、生产规模，还是原煤产销量，在全国属于前列，在中国近代煤矿发展史上占有重要地位。”②

1908 年，临城煤矿年产煤 8 万吨，与开滦（唐山）、华德（枣庄）、抚顺并列中国四大煤矿，后居全国七大煤矿第五位。

从煤矿定位到双方互惠商议，再到后期产业发展与共赢并进，梁敦彦事无巨细，亲自商议落实，以其务实高效为事方式，在维护主权的前提下有效推动中国现代煤矿发展，为当地民众、政府提供大量工作岗位和可观而持续的财政收入，有效提高铁路运输价值，为南北大中城市提供优质用煤，提升民众生活质量，更为日后中外合作提供一个让利护权、优势互补、互利共赢的完善探索模式。在列强压迫的困境下，梁敦彦仍能走出一条相对独立平等的道路，足见其深邃的政治智慧与高超的外交策略，他的生命空间也因此日益广阔。

---

① 郭立彬、雷宏谦：《中比合办临城煤矿述论》，《邢台学院学报》2012 年第 1 期。
② 郭立彬、雷宏谦：《中比合办临城煤矿述论》，《邢台学院学报》2012 年第 1 期。

第五节　推进井陉煤矿

一

井陉煤矿的项目推进，也是梁敦彦探索维护主权、中外合资、合作共赢的近代化探索模式。

位于石家庄的井陉县煤藏丰富。早在宋代，人们就开采不断。直到清末，仍是半工半农，手挖机装，官商涉足，争利夺财，矿石漫山，无人管理，一片混乱。

清光绪二十四年（1898 年），井陉县人张凤起筹资合力开发煤矿，但因资金不足，停工待产。后来，他筹募股份，购置机器，以新法开矿。一个偶然机会，他遇到德国人汉纳根①，通过其岳父②找到李鸿章，辗转向慈禧太后陈述开矿愿望。慈禧太后得闻，欣然应允，请李鸿章提供便利。后张凤起与汉纳根拟定开矿草约，转送清政府路矿总局，但一直无法批复，开采工程却依旧推进。

二

光绪三十二年（1906 年），直隶井陉矿务总局成立，北洋大臣袁世凯委派津海关道主官梁敦彦督办总局事宜。

梁敦彦出资购置张凤起的矿地，取消其采矿权，与汉纳根商定官商合办推进矿务。光绪三十三年（1907 年），杨士骧出任北洋大臣，津海关道员蔡绍基等按照临城煤矿合作方式拟定合作规则。

---

① 汉纳根（Von Hanneken，1854—1925 年），德国人，陆军军官。清光绪五年（1879 年）被中国驻柏林公使馆聘请来华，在天津任教官兼李鸿章副官，并设计建筑旅顺、大连湾、威海卫炮台。中日甲午战争爆发后，他在黄海海战时与北洋舰队提督丁汝昌在旗舰“定远号”上指挥作战。战后，仍任中国军队教官。光绪三十四年（1908 年），代表德商井陉矿务公司与直隶井陉矿务总局代表李德顺等在天津签订《井陉煤矿合同》，合办井陉矿务局。1918 年底被中国政府遣送回德。1921 年再度来华。后逝于天津。

② 德璀琳（Detring Gustav von，1842—1913 年），德国人，同治三年（1864 年）进中国海关为四等帮办，后升至中国海关税务司。

“汉纳根以‘井陉矿务公司’名义为一方，将矿产折合股本银25万两；井陉矿务总局代表中方，将井陉县煤田折合副本银25万两，共合本银50万两，定名为‘井陉矿务局’，于光绪三十四年（1908年）七月奏报批准。就这样，排除了民资，官、洋合作的井陉煤矿正式开办。”①

梁敦彦后来没有继续参与此事，但其早期的披荆斩棘与成熟稳重，以及后来者的萧规曹随，可见其在中外商务中巧用外资、让利护权、和衷共济的深谋大略。

---

① 栗永：《井陉煤矿的创建——石家庄历史事件 近现代“城韵新章”》，银河阅读中文网，发布时间：2021年4月7日，http://www.yinheyuedu.com。

第六节　完善北洋大学堂管理

一

“甲午战争”失败后，朝野皆致力维新变法。盛宣怀深知国家兴盛，人才为要，上奏朝廷，申请建立大学。

1895年，光绪皇帝批准，于天津创立学堂，津海关道主官盛宣怀担任首位督办。其宗旨是“自强之道以作育人才为本，求才之道以设立学堂为先”。学校初称“北洋西学学堂”，1896年定名为“北洋大学堂”。

二

盛怀宣卸任后，蔡绍基出任督办，履行校长职责。

学堂创建期间，蔡绍基便出任本校二等学堂总办，二等学堂相当于如今大学预科。出任督办后，蔡绍基融合自己在美国读中学的经历和现代教学体制，全方位融入国外现代教育理念，亲自参与学校规划、校园建设、老师招聘、教学管理等，为学校后来人才的选拔与教学定位奠定清晰而牢固的基础。

1900年，八国联军侵入天津，学校遭占，校舍遭毁，百业俱废。

在这学校转折关头，蔡绍基利用直隶总督府署理外交事务的官方身份，与占领军耐心交涉，力争复校，但侵略者拒不归还校舍。1902年，袁世凯指令在西沽武库重建新校。蔡绍基事必亲躬，殚精竭虑。1903年，北洋大学堂复校，蔡绍基出任督办。

三

1901年，唐绍仪出任津海关道主官后，出任北洋大学堂督办。1904年，继任津海关道主官的梁敦彦也出任此职。

他奉袁世凯命，整顿北洋大学堂，督促大学总办沈桐制定《大学堂新订各规则》，内含设定总办、教习、监学官、考试、杂务、斋务等规则，令学校管理更规范与条理。

"1905年，北洋大学重设正科，将学生分为第三（二年级）、第四（一年级）两个班，分入律例、工程和矿冶三门。1906年，为加强管理，北洋大学堂实行"三提调"制，即教务提调、斋务提调、庶务提调，此制度使北洋大学堂的管理更加科学有序。梁敦彦对此十分赞同。"①

出任督办期间，他与时任北洋大学堂总教习丁家立相与莫逆，志同道合。

丁家立（Charles Daniel Tenney）（1857—1930年），美籍教育家。1857年生于美国波士顿城。毕业于美国达特茅斯大学（Dartmaoth University）后，入欧柏林大学研究院（Oberlin University Postgraduate School），获神学硕士学位。1882年来华，1886年赴天津从事文化活动，在天津美国领事馆工作任副领事，设中西书院，自任校长。1895年始，丁家立任北洋大学堂首任总教习。

1928年，北洋大学改称"国立北平大学第二学院"，1929年改称"国立北洋工学院"。此为位于河北工业大学的昔日国立北洋工学院教学楼。梁敦彦等人开创的沉实、开放、上进精神成为百年承传的校风——周惠玲摄于2023年12月

梁敦彦对丁家立重建北洋大学堂的贡献素来深表敬佩，更对其睿智、务实、

① 张金声：《梁敦彦其人其事》，王杰、张世轶：《北洋大学与天津》第三辑，天津大学出版社，2019年，第55页。

开阔的教育理念与为事风格十分认同。因此，丁家立提出的教育构想与学堂规划，他都大力支持。两人紧密合作，为中国近代高等教育发展作出示范性贡献。

四

1906 年，王劭廉（1866—1936 年）接替丁家立出任总教习，此时总教习改称为教务提调。王绍廉，天津人，早年毕业于北洋水师学堂，后赴英国深造，学习造船工程。学成回国后，执教于北洋水师学堂、北洋大学堂。王劭廉成为北洋大学堂治校办学权力归于中国人开始。

1906 年王劭廉接管北洋大学堂，虽有梁敦彦兼任督办，但王绍廉实际为学校总负责人。

在梁敦彦支持下，王劭廉在北洋大学堂开办法文班和俄文班，培养翻译人才。

清光绪三十三年和三十四年（1907—1908 年），开办两期师范班，以满足社会需要，对中国师范教育影响深远。

王劭廉校务管理严格清晰，所有规章制度执行公私分明。他自己不迟到，不早退，亲自听课，不称职者，坚决辞退。梁敦彦对此深表认同，全力支持。

古老的教学楼积淀着梁敦彦等人百年来漫长而卓有成效的教育探索历史——周惠玲摄于 2023 年 12 月 河北工业大学

“1906 年，在其（梁敦彦）积极推动下，西沽复校后第三班的三十一名学生被资送出国留学。1907 年，第四班学生十三人被资送美国留学，一人赴德国留学。这些学生毕业后，大多数回国，在各自领域发挥其所学之长。”①

据统计，1901—1907 年我国官费留美学生总计约 100 余人，北洋大学堂占超半数。而 1906—1907 年间，在梁敦彦的有力推动与丁家立、王绍廉的高效落实下，就有 45 人留学国外，他们对中国早期留学教育的贡献深远而广泛。

北洋大学堂定位为国际一流大学，学制和课程向美国看齐，毕业生可直接免试入美国一流大学深造，素有“东方康奈尔”雅称。

1895 年天津北洋西学学堂成立；1896 年更名为“北洋大学堂”；1902 年迁址到西沽武库重建新校；1903 年复校；1912 年改称“北洋大学校”；1913 年定名为“国立北洋大学”；1928 年更名为“国立北平大学第二工学院”；1929 年定名为“国立北洋工学院”；1951 年称“天津大学”。如今，天津大学为首批全国重点大学、首批国家“985 工程”“211 工程”建设高校、“双一流”建设 A 类高校——魏斌摄于 2024 年 3 月

① 张金声：《梁敦彦其人其事》，王杰、张世轶：《北洋大学与天津》第三辑，天津大学出版社，2019 年，第 55 页。

在出洋留学的校友中，诞生出著名外交家王正廷、经济学家马寅初、数学家秦汾、金融家钱永铭、“五四”运动天津各界联合会副会长马千里、联合国国际法院大法官徐谟、著名诗人徐志摩等。此外，1905 年，王宠惠获耶鲁大学博士学位，1912 年出任以孙中山为首的南京临时政府外交总长。

北洋大学堂有力地推动近代学制在我国的发展，结束中国延续逾千年的封建教育历史，开启中国近代教育新篇章。

梁敦彦任职期间，目标高远开阔，原则清晰坚定，为学生出国留学提供各种条件，成为这所近代大学的有力推动者。

第七节 推荐詹天佑主持修建京张铁路

一

京奉铁路的前身是清光绪七年（1881 年）建成的唐胥铁路，道路从唐山至胥各庄（今属唐山市丰南区）。光绪十九年（1893 年）唐胥铁路南端与北端终点各自延伸到天津与山海关，改称“津山铁路”。光绪二十年（1894 年），津山铁路由天津经津芦（天津到芦沟桥）铁路延伸到北京，称“京山铁路”。

光绪二十四年（1898 年），清政府将铁路延伸到奉天（今辽宁省），称“关内外铁路”，后与英国、俄国签订《关内外铁路借款合同》。光绪三十三年（1907 年）改称“京奉铁路”。

光绪三十年（1904 年），梁敦彦兼任京奉铁路总办，英国提议帮助清政府修筑一条北京到张家口的铁路。日、俄两国得知，先后提出参与此事。

梁敦彦担忧三国参与修筑铁路，必将受控于列强。他一再建议使用中国工程师设计铁路。据北京市档案馆所藏资料《京张铁路的今与昔》介绍，因关内外铁路（后改“京奉铁路”）的修建资金借贷于英国，实际路权归属英国，余款存于英国的天津的汇丰银行[①]，使用时需要双方确定才可提取。

后来，袁世凯指令关内外铁路局官员向汇丰银行交涉，留存六个月还款本息后，剩余部分则由铁路局支配，用于京张铁路的建设资金。

当时英国、俄国本来都集中争夺修建此铁路的权利，但清政府坚决提出由中国人自己修建，不需任何外国技术。英、俄两国深知中国无人可设计和修建，皆欣然同意，乐得袖手旁观，静观中方如何狼狈收场。

① 全称为“香港上海汇丰银行有限公司”，英文名称为 The Hong Kong and Shanghai Banking Coorporation Limited，缩写为 HSBC 。创立于 1865 年，总部位于今香港中环皇后大道。

二

袁世凯环视国内，一时没想到可修筑这条铁路的人才。梁敦彦极力推荐耶鲁大学同学詹天佑。不过，此事关系重大，袁世凯还是放心不下。据说梁敦彦见力荐未见效果，急忙提出以身家性命作为担保，保证詹天佑一定能完成这项前无古人且令世界关注的大项目。梁敦彦之所以力荐詹天佑，因为他实在太了解这位杰出的广府同乡、耶鲁大学同学。

袁世凯深知梁敦彦平时行事谨慎，做事必谋定而后动，没有把握不会轻易发言，但言出事必成。他凝视着目光坚定又有点焦灼的梁敦彦，沉吟半晌，重重地点头说“好”。

见到袁世凯好不容易首肯，梁敦彦大喜过望。他知道：--件世人瞩目的国家大事即将展现在世人面前。

三

詹天佑自 1881 年从美国回来后，从实习船员开始，辗转于广东和天津，历任学堂教习、铁路公司工程师，一直从事铁路建设。

1887 年，詹天佑参与塘沽（今属天津市）到天津的铺轨工作，揭开投身中国铁路历史的序幕。此后，他参与关内外铁路、萍乡（江西）醴陵（湖南）铁路的修筑，但都是在外国总工程师指挥下完成。

1901—1902 年，袁世凯推荐他出任官办西陵铁路①总工程师。它是中国人主持修建的第一条铁路。因是皇家专用线，线路短，道路平。詹天佑坚持低耗费、高成效，亲身参与勘测、路线选择、路基修筑、原料采购、建造桥梁、铺设铁轨、通车实行的每个环节。其干净利落的设计与对接完美的环节，在袁世凯等高官心目中留下深刻而良好的印象。

---

① 为慈禧太后偕光绪帝至西陵祭祖而建，又名“新易铁路”，或称“京汉铁路高易支线”，由今河北高碑店市（县级市，由保定市代管）至梁各庄（今属保定市易县）止，全长 42 千米。因梁各庄靠近西陵，故名。光绪二十八年（1902 年）11 月动工，次年 2 月竣工。该铁路于 1937 年、1945 年被分段拆除。

1903年，詹天佑南返广东，出任潮汕铁路[①]工程师。1904—1905年，北上任上海官办中国铁路总公司工程顾问。

四

1905年，清政府聘请詹天佑担任总工程师，主持修建京张铁路。詹天佑带领工程技术人员，骑毛驴、背仪器、翻山岭、入旷野，测量计算、画图注释，历时愈40天，往返千余里，最终完成全线测绘。

詹天佑经过实地勘测与精密论证，确定由京奉铁路柳村车站（即今柳村线路所，位于北京广安门南）起，经西直门（北京内城的九大古城门之一，现属北京市西城区）到南口（今北京市昌平区南口镇），沿关沟（位于北京市昌平区、延庆区境内，长约18千米）越岭，在八达岭穿过长城，出岔道城（距八达岭关城西北约1500米），再经康庄（今北京市延庆区康庄镇）、怀来（今河北省张家口市下辖县）、沙城（今河北省张家口市怀来县下辖镇）、宣化（今河北省张家口市辖区）到达张家口。

光绪三十二年（1906年），他在给美国诺索布夫人的信件中说：

> "我现任'京张铁路会办兼总工程师'，本路长约一百二十五英里，将凿隧道散出，其中最长的为四分之三英里。本路为第一条全由中国工程师负责兴建之铁路，企望吾人能顺利筑成！"[②]

为令火车顺利爬上陡峭山坡，詹天佑沿山走势，设计出"人"字形折返路线，成为中国铁路史上创举。此外，居庸关、五桂头（位于今北京市延庆区东南部，居于弹琴峡和三堡村之间，以其有五个山头而得名）、石佛寺（今北京市八达岭水关石佛寺风景区）、八达岭四处隧道，总长共1645米，为全线咽喉，山深石

---

① 中国历史上的第一条民营铁路，由南洋华侨实业家张榕轩、张耀轩两兄弟（籍贯为今梅州市梅县区松口镇）出资修建，也是中国近代史上第一条由华侨投资兴建的纯商办铁路。潮汕铁路南起今汕头，北迄潮安县（今属潮州市），共42千米，于1904年动工兴建，至1906年全线完工，同年11月正式通车，至1939年被日军破坏为止，共存在了33年。它对韩江中上游和闽赣边区的华侨、侨眷进出汕头，以及当地的客货运输和城乡经济的繁荣，都起到了巨大的促进作用。

② 高宗鲁译注《中国留美幼童书信集》，珠海出版社，2006年，第44页。

硬。他向经验丰富的临城煤矿总工程师、留美同学邝荣光（1863—1962 年）请教，顺利以炸岩石、凿竖井等方法，凿通当时国际上罕见的漫长隧道。

五

邝荣光（1860 —1962 年），广东省台山县（现为县级市，由江门市代管）人。其父早年在澳大利亚当矿工，期望儿子能成为工程师，后积极参加容闳的留美招生。1872 年，邝荣光与梁敦彦、詹天佑等一道赴美留学，后入拉法叶学院（Lafayette College）攻读地矿专业。他于 1881 年回国，曾绘制《直隶地质图》，填补我国矿产业空白；1905 年出任直隶省矿政调查局总勘矿师，后任临城煤矿总工程师，与梁敦彦一道科学开挖这一煤矿。此时，他为詹天佑开凿最困难的八达岭山洞提供专业的破解建议，而就读于麻省理工学院的南海人邝景阳（1862—？），曾任京张铁路副工程师。后詹天佑因母亲去世回广东，邝景阳出任京张铁路代理总工程师。

京张铁路的成功修建，背后可清晰看到一批留学美国的精英人士专业而敬业的身影。

六

在修建过程中，詹天佑常写信给美国的专业朋友，委托他们购买各种专业书籍和杂志，其中英、德、法文俱有。当年在耶鲁大学深厚的学识在这段最艰难的岁月里发挥的独特效用，也是他成为众望所归的唯一选择的决定性因素。

光绪三十二年（1906 年）十月，他又给诺索布夫人去信说：

> “好像我成为中国最佳的工程师，因此，全体中国人和外国人都密切注视着我的工作。如果我失败，不只是我个人的不幸，也是全体中国工程师和所有中国人的不幸，因为中国工程师将不会再被人们信赖。在我受命此工作之前，即使出任之后，些许外国人公开宣称中国工程师绝不可能担当如此艰巨的重任，因为要开山凿石，并且修建极长的隧道！”①

① 高宗鲁译注《中国留美幼童书信集》，珠海出版社，2006 年，第 51 页。

压力化为动力，推动着这项伟大工程艰难而顺利地推进。

七

詹天佑团队仅用四年时间就完成修筑，比计划缩短两年，节省 28 万两白银，工程费用仅为外国人估计的五分之一。1909 年 10 月 2 日，北京南口车站举行盛大通车典礼，共贺京张铁路全线通车。

京张铁路全部技术人员为中国人，有力保证技术的完整性与延续性。同时，它成功摆脱对外国资金的依赖和外国工程师对技术的控制，有效保护铁路路权和使用主权，更培养出一批经验丰富的铁路技术英才，有力地推动中国近代交通事业的发展。

京张铁路接通北京与中国北部集贸中心张家口两座城市，深化华北区域的贸易文化交往。

八

作为中国第一条自主设计和建造的铁路的总工程师，詹天佑堪称中国铁路先驱。在经验丰富的外国设计师望而却步的困难前，詹天佑以精湛的专业技术与执着的精神，使得京张铁路耗费低、时间短、质量优，成就铁路建筑史壮举。

京张铁路建成后，不断激励国人自办铁路，有力推动近代中国交通建设的发展，而极力推荐詹天佑的梁敦彦，成为其伯乐，更体现出梁敦彦等一批爱国官员对国家主权的维护与对国人民族精神的激励。

1906 年，唐绍仪以专使身份赴美，詹天佑委托老友将长子詹文珖、次子詹文琮带到美国。他们分别进入三州大学（Tri-State College）和耶鲁大学，学成后归国。

梁敦彦女儿梁霭珊与詹文珖成婚，梁敦彦、詹天佑这对留美同学成儿女亲家，成就一段令人羡慕佳话。

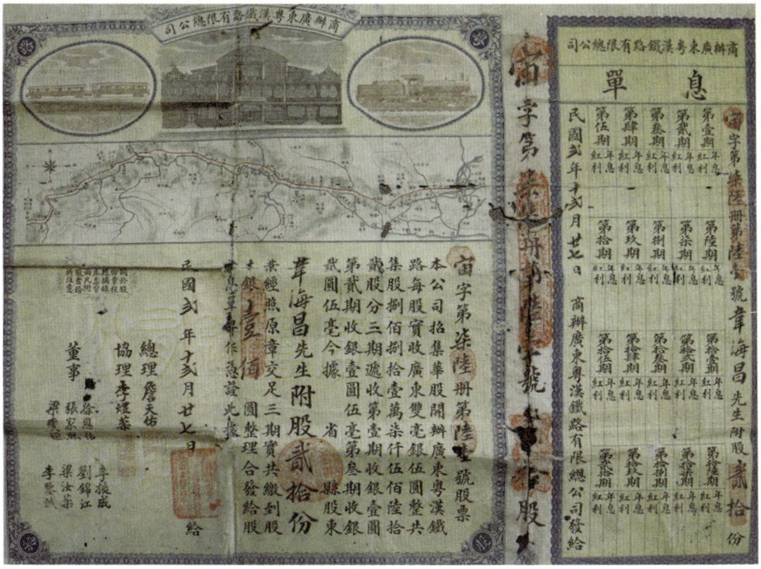

1910 年，詹天佑出任广东商办粤汉铁路总公司总经理兼工程师，此为顺德乐从人韦海昌购买的附段凭证——乐从镇宣传文体旅游办公室供图，2013 年 10 月

可以说，没有梁敦彦的极力推荐，詹天佑的旷世才华也难以施展。没有詹天佑的事不避难，愈挫愈勇，也没有举世瞩目的京张铁路。因此，梁敦彦是詹天佑的伯乐，詹天佑是中国近代铁路事业的千里马。他一路驰骋，引领中国近代铁路事业“万马奔腾”。

第八节 维护铁路主权

一

1898年，以四品京堂候补督办铁路总公司事务的盛宣怀与美国合兴公司签订《粤汉铁路借款草合同》，规定铁路在五年内完成，不得将合同内权益转让他国或他国人，但美国公司修筑铁路进程极慢，超过约定时间仍未完成，又将公司七成股份卖给比利时人。1904年，湖北绅士上书湖广总督张之洞，声明美国人毁约在先，要求废除条约，收回铁路权。后粤、鄂、湘三省士绅彼此呼应，形成声势浩大的收回粤汉铁路运动。在张之洞、盛宣怀、三省士绅、爱国学生的共同努力下，朝廷以600多万美元赎回粤汉铁路。

二

深受收回粤汉铁路的启发与鼓舞，津镇铁路（天津至镇江）地区士绅提出废除1899年与英国、德国银行签订的合同，参考粤汉铁路的赎买方式，自筹资金，自修铁路。此铁路又称“津浦线”，是一条由天津通往浦口（今南京市浦口区）的铁路干线。

清政府任命成功收回粤汉铁路的张之洞参与此事。不过，张之洞与袁世凯都不赞成废止借款合同。他们深知：英德合作投资津镇路，其实是德国让步的结果。若废除合约，德国会悍然在山东独立修筑铁路，则即使收回路程极短的直隶、江苏两省路权，也得不偿失。

光绪三十三年（1907年）5月，袁世凯、张之洞推荐梁敦彦与英德财团面议商讨，以达到“让利争权”的目标。

三

当时，英国正集中精力经营广九铁路（广州至香港九龙）、沪杭甬铁路与沪宁铁路，在津镇铁路贷款总额中只占三成，负责谈判的公司是包括法国资本的华中铁路有限公司[①]。因此，英国在这条铁路上的权限不多且并非完全主动和独立，英国人对苏杭甬铁路的兴趣更为浓厚。

“德国本来就是勉强同意与英国合办此路。它对山东境内自己单独控制的铁路更为关心。”[②]

张之洞与袁世凯都敏锐地察觉到英德各怀心思下的微妙与迟疑。他们坚持在不废除合约的前提下，迅速找到英德两国的矛盾点和中德英三方均认同的突破点，解决关于铁路权的棘手问题。

袁世凯提出：

“与外人言三省必欲废约为第一要义，与商借款四千万自造为第二要义，修改草约必将前拟之七条办到为第三义。第一义万办不到，而万不可不向外人一言；第二义如能办到极好；第三义必能办到，似亦不能谓之不好。”[③]

针对上司的原则与指令，梁敦彦提出：“借款须另指三省的款作抵，不能以路作抵。”[④] 对于这个观点，张之洞十分赞同。袁世凯也认为：

“十年内不损我权利，十年以外可收回全路，洵属独操胜算……以筹储之款为赎路之资，加以积存字余利，在三省绅民筹款不致过迫，为数又为较省，而得收全路，无异自造。既纾民力，仍保路权，诚所谓‘造路不如赎路者’。伟策精思，甚善甚善。”[⑤]

可见赎路、以路作抵、让利争权是张之洞、袁世凯、梁敦彦三人共识。其中，张之洞筹划方略、袁世凯统领全局、梁敦彦斡旋谈判，形成原则清晰、立场坚定、策略灵活、进退自如的谈判格局。

---

① 系 1904 年由中英银公司（British and Chinese Corporation）和福公司（PeKing Syndicate Limited）合并而成的公司。

② 马陵合：《“浦口条件”：近代中国铁路借款模式的变与不变》，《中国经济史研究》2003 年第 1 期。

③ 《光绪三十三年五月初三张之洞致袁世凯、梁敦彦电》，宓汝成编《中国近代铁路史资料 1863-1911》第二册，中华书局，1963 年，第 805 页。

④ 《光绪三十三年五月初三张之洞致袁世凯、梁敦彦电》，宓汝成编《中国近代铁路史资料 1863-1911》第二册，中华书局，1963 年，第 805 页。

⑤ 吴剑杰编《张之洞年谱长编》，上海交通大学出版社，2009 年，第 959 页。

四

起初，张之洞、袁世凯指示梁敦彦“先设难题，继再协商，当可挽回权利不少”。[①]这“难题”就是提出废除合约，若英德两国断然拒绝，则可告知三省士绅，此事不可回旋，令他们不再呼吁废除合约。

“英国汇丰银行新派代表希理夏和德华银行（Deutsch-Asiatische Bank）代表柯达士（Cordes）在北京与梁敦彦会晤时多方挑剔，加以刁难。

首先，提出五百万镑借款每年至少须有四百万两作抵，同时，明知中国筹集抵款颇为不易，还以目前中国禁烟为由，拒绝中方以土税作抵。其次，二人又在张之洞鄂议十五条外新索要求三条：一是，英德工程师及总管账员虽由中国选派，但必须通过两银行认可，方可就职；二是，中国总办提款必须由总工程师及总管账员开单，载明何项工程需款若干，方可奏效；三是，该路行车账目必须由总管账员按期报知两银行。从中可看出两国银行不甘心只是借款获利，更要通过控制财政达到干预路权的目的。”[②]

针对这些新增无理要求，梁敦彦当场认为与原草约不符，断然拒绝。

梁敦彦去电禀告上级，叙说希理夏提出抵押款项不足事宜。他建议多筹几十万两，以杜绝其各种借口。若对方仍穷追不舍，他将“峻词驳拒”。

梁敦彦也认为：“如三省实再无款可借，借款既系中国担保，所指亦系虚抵，将来仍由路利清偿，似不必定囿于三省也；似他省协助，亦无不可。”

这种通过“三省还款”但并不指定具体省份的策略，既可满足对方对还款省份数量的重视与强调，也通过国家担保的名义，却由路利偿清的实际来获得对方的认可，为胶着纠缠的争议放下一张让大家都因获利而得以心平气和地重新围坐在一起的谈判桌。

经过几个月唇枪舌剑，更在张之洞、袁世凯、梁敦彦角交织不断的电报商议中，三方终于达成一致。其中的艰辛，张之洞、袁世凯、梁敦彦在一份奏折中有十分清晰的回顾：

---

① 吴剑杰编《张之洞年谱长编》，上海交通大学出版社，2009年，第959页。

② 苏权有、申彦玲：《袁世凯与津镇铁路借款交涉》，《淮北煤炭师范学院学报》2008年第5期。

“臣敦彦奉命会同筹议，遵即与德华银行代表柯达士、中煤公司代表濮兰德竭力磋商。臣之洞、世凯随时与臣敦彦电商机宜……臣敦彦与该公司争持五越月，会晤数十次，始与议定将借款、办路分为两事。”①

从“竭力”“争持”四字可知其中的千难万苦，唇枪舌剑。

华中铁路有限公司对于“以路作抵”表示赞同，更提出不派遣工程师和总管账员。德国公使对此深感不满，认为英国在暗中削减德国在山东的权利，但因德国经济下滑，他们实在无暇顾及此事，后顺水推舟，表示让利于清政府，以结友好。

三方商定借款合约，其中“借款不能以路做抵押，另指三省之款作抵押”，“英、德两工程师只管造路工程之事，不得干预他事”，“放弃享受余利二成之权”，“聘用德、英两国总工程师由督办大臣独定”。②不过，德国仍深感不快，以拖延的方式试图寻求转机，但英方以重新考虑借款协议为威胁，敦促德方完成合同签订。

“1908 年 1 月 13 日，梁敦彦与德华银行代表柯达士、英华中铁路公司代表濮兰德，订立了《津浦铁路借款合同》。合同规定，借款额为 500 万英镑，其中英国占 37%，计 185 万英镑，德国占 63%，计 315 万英镑；年息 5 厘，期限为 30 年。借款由以前铁路路产及进款担保改为由地方税厘担保。担保的税厘包括：直隶厘金每年关平银 120 万两，山东厘金每年关平银 160 万两，江宁厘金局厘金每年关平银 90 万两，江苏淮安关厘金每年关平银 10 万两。合同中明确规定：此铁路建造工程以及管理一切之权，全归中国国家管理。”③

五

针对“让利争权”的方略，梁敦彦在与英德两国商议的过程中主动适度让利。中方提出：英德银行拥有购买铁路材料的优先权，同等条件下，他们可优先购买

① 吴剑杰：《张之洞年谱长编》，上海交通大学出版社，2009 年，第 994 页。

② 马陵合：《“浦口条件”：近代中国铁路借款模式的变与不变》，《中国经济史研究》2003 年第 1 期。

③ 马陵合：《“浦口条件”：近代中国铁路借款模式的变与不变》，《中国经济史研究》2003 年第 1 期。

英德原材料，银行可获得购买价百分之五的佣金。同时，他们在第一次借出的300万英镑中提取20万英镑作为酬劳。对于以获利为目标的银行与相关人士来说，这无疑是一笔合法而巨大的纯利益。面对无法拒绝的利益，他们主动和积极推动这个皆大欢喜的合约，但对于500万英镑的天价借款，这份让利款项无疑是解决合约顺利签订的重要润滑剂。可见张之洞、袁世凯、梁敦彦等人成熟的外交艺术与既坚守底线又适度退让的灵活应变。

合同签订后，庆亲王奕劻、袁世凯、张之洞皆称善。张之洞等在上呈的奏章中评价：

“臣之洞、臣世凯逐条核订，窃以该合同所载办法确能于造路、借款划分两事，不特主权、利权均无损失，于原订之草合共多所补救，即凡兴工、用人、购料以及提款、还款各事宜，均操之在己，毫不授人以柄。较之他项路约，实为周密。”①

邮传部也称：

“津浦之所指抵各项，本属虚名，在彼藉此以安债东之心，在我即藉此可争交换之益。至应还本息，我本无到期不还之意，实无虑因此而受人干涉。”②

六

在这个外交困境中，梁敦彦明辨对方利益重点的差异，利用彼此矛盾的交错处，把握两国答应条款先后时间的微妙处，适度推动矛盾并快速解决三者纷争的精确度，充分展示出一位出色外交家那虚实交融、刚柔相济、利义兼顾、顾全大局的高超艺术。马陵合指出：

“从合同的规则来看，以地方税后担保有三个特点：一是指定担保的税收必须有明确的数额。这一数额基本与每年还本付息的数额相等，只有超出抵押额的税收，中国才有支配权。二是如发生不能如期支付还本付息的情况，中国政府有义务将相关各省的其他税收交与银行抵付本息。三是在借款还清

① 吴剑杰：《张之洞年谱长编》，上海交通大学出版社，2009年，第995页。

② 马陵合：《“浦口条件”：近代中国铁路借款模式的变与不变》，《中国经济史研究》2003年第1期。

前，相关税收尽偿还借款本息，不得同时抵押其他借款。”[①]

“应该说他们通过与‘以路作押’的形式比较，发现用税捐作虚抵可以使中方获得对铁路的实际控制，因而他们强调借款条件中的信用担保，避免因铁路本身抵押而丧失大量的利权。”[②]

不过，英德债权方非常清楚中方用意。他们一再强调还本付息方式是税捐而不是虚空的国家担保。因此，梁敦彦也的确认为防止英法干预内政，最佳方法还是如数如期还本付息。

在中外三方关于还本付息焦点斡旋中，可见梁敦彦谈判主角的中方代表进退有度的策略，而英法两国的步步逼近体现出他们清晰的利润原则，更可看到他们意欲通过收取税捐来有效控制中国的经济，但在中方有理有据的商谈中，他们难以达到控制路权和因铁路而衍生利益的最终目的。这也是梁敦彦在袁世凯、张之洞支持和指导下充分研究英德利益核心后游刃有余的应对结果。

1908—1912 年，这条全国铁路大动脉以高质量与高速度完成，成为推动中国近代化进程的重要线路。

在列强环伺和国内各种利益团体挤压的情势中，梁敦彦等利用德英两国矛盾，斡旋调停，不卑不亢，据理力争。同时，在朝廷众臣不解、社会议论纷纷、国外强权压迫中，他们以国家公利为重，舍弃个人得失，字斟句酌，寸权不让，开创中国近代铁路借款模式，史称“浦口模式”。此后数十年，国内对外借款修建铁路多借鉴“浦口模式”。

虽然“浦口模式”是借款抵押方式的改变，无法突破不平等的中外关系，但是“以路作抵”的方式折射出以梁敦彦为首的一批正直英才对铁路权利的争取与努力，而梁敦彦等在中外多方的权益博弈中以大局为重，适度让利，却和而不同，坚守底线，绵里藏针，柔中带刚，充分展现出他作为卓越外交家的智慧与襟怀，为他日后担任更重要外交职位积累着丰富经验与独有心得。

---

① 马陵合：《“浦口条件”：近代中国铁路借款模式的变与不变》，《中国经济史研究》2003 年第 1 期。

② 马陵合：《“浦口条件”：近代中国铁路借款模式的变与不变》，《中国经济史研究》2003 年第 1 期。

第五章 外交生涯

第一节　出任外务部尚书

一

清光绪三十三年（1907年），袁世凯入军机处，兼任外务部尚书。早在一年前，袁世凯入京拜见光绪皇帝和两宫皇太后，就已推荐梁敦彦。

关于国家崛起，袁世凯在奏折中指出：

“信必须昭示，国势必须振兴，人材必须任用，满汉必须融合，赏罚必须严明，党派亟须严禁，政府必须早建咨政院，必须早设教育，必须普及地方自治……

去年所拟官制，其要在总理大臣，乃议者均谓集权太重，殊不知总理大臣尚有各部堂官参预，纵然有弊，断不若军机处之甚。即如京官制改已年余，阁枢部院各不相谋，势如水火，互相排挤，但顾个人之利禄置国事于不闻，政务处、政治馆从未办成一事，徒有其名，信实最为紧要。立党立会宜严禁，废约各事更觉不宜，先设验才，处由京外各署各保三人，少亦一人不保一人者，予以降级留任处分，已保后，名不副实，处分亦如之。无论有无功名，均予召见……满汉界限切不可存，倘大臣中有存此见者，定予惩处，使才尤关紧要。”①

最后，他提到至关重要的一点：“胡惟德、梁敦彦品学才识不可多得，黄诰、

① 《袁宫保奏折摘要》，《大公报》1907年8月11日。

李盛铎荒谬之至，万不能用云云。”①

此处虽大篇幅叙述政府体制改革的诸多不善，但满汉分类，轻重有别，实则是清代管理弊端，而袁世凯高度评价梁敦彦、胡惟德，也可见这两位务实沉敏、目光深远的英才在众多首鼠两端的满汉官员中确凤毛麟角。

此处提到的胡惟德（1863—1933 年）是浙江省吴兴县（今湖州市吴兴区）人，上海广方言馆毕业，一直担任驻外官员。这一年，袁世凯推荐胡惟德出任外务部右丞。此后，他出任海牙常设仲裁法院中国委员、外务部右侍郎、外务部左侍郎兼帮办税务大臣等，更在袁世凯内阁任外务部大臣兼帮办税务大臣。1926 年，段祺瑞执政，他任外交总长，一度代理国务院总理。1927 年 1 月，他任内阁内务总长。

此时，政务繁忙的袁世凯无暇抽身管理外务。于是，他推荐梁敦彦任职外务部。1907 年 9 月 10 日，梁敦彦奉旨署理外务部右侍郎。《大公报》1907 年 10 月 15 日报道：

> “外部袁尚书（世凯）因军机事繁，外部又关紧要，每有精神不能兼顾之势，前已面请开去外部差使，并面保梁敦彦侍郎办理部务，颇资得力，堪以署理此任，以专责成当经，某邸力请将外部侍郎之差简放胡惟德钦使，因该钦使熟谙俄人情形，以备办理中俄事宜云。”

1908 年 6 月 20 日，梁敦彦正式补授外务部右侍郎；1909 年 1 月 3 日，奉旨署理外务部尚书会办大臣；宣统元年（1909 年）正月初二（1 月 23 日），实授外务部尚书会办大臣。

在一年间，梁敦彦从外务部右侍郎成为实授外务部尚书会办大臣。这体现出他在清末众多官员中处理外国事务首屈一指的才能，而积淀几十年的中外关系与广泛而高效的人脉资源，也成为他脱颖而出的巨大合力，一切皆如此呼之欲出，水到渠成，可见务实深耕者方能如此瓜熟蒂落。

同时，因张之洞和袁世凯两人政见相异，误解屡出，而梁敦彦成长于张之洞

---

① 《袁宫保奏折摘要》，《大公报》1907 年 8 月 11 日。

帐下，受提拔于袁世凯手下，一个有恩于己，一个有情于己。时年五十一岁的梁敦彦，在两位恩人间沟通缓冲，调和折中，成为清末两大势力间的缓冲剂、资源组合者与重要的推动力量。这也是清政府最高领导层提拔梁敦彦的内在因由之一。天时地利人和的荟萃，终于让一直不尽得志的梁敦彦拥有一个相对独立的施展空间。

二

1907 年，美国总统罗斯福的“白色大舰队”计划进行环球航行。日本驻美大使向美国发出邀请，清政府担心美日关系紧密，威胁中国地位。驻美大使伍廷芳（1842—1922 年）向朝廷提出建议，邀请美国舰队访问中国。

伍廷芳为广东省新会县（今属江门市）人，早年就读于伦敦大学法学专业，获博士学位及大律师资格，为中国近代第一位法学博士。他后来回到香港，任律师，为香港立法局第一位华人议员。

1877 年，津海关道员、顺德人黎兆棠（1827—1894 年）将伍廷芳引荐给李鸿章。伍廷芳后入李鸿章幕府。其后，他出任驻美国大使。朝廷听从其建议，于 1908 年 9 月 27 日委派贝勒毓朗（1864—1922 年）、外务部右侍郎梁敦彦南下厦门，欢迎美国舰队。

三

《大公报》1908 年 11 月 11 日报道：

> “沪上各西报初十日接厦门电云，本日为皇太后万寿圣节，午前尔北洋海军统领萨镇冰军门特在海圻兵舰款待来宾。所有中美各兵舰均满饰旗帜，鸣炮致敬，旋由华人商务总会邀请各军官及诸西人小食。午正，水兵三千名集食于招待所席间，由梁敦彦侍郎举杯恭祝：皇太后万岁！美司令官依摩利少将旋即起祝毓贝勒健康，经毓贝勒答谢。午后举行赛船，为美旗舰鲁意三那号获胜。入晚，西人复开晚餐，费即由毓贝勒赠给锦标。既毕，大放烟火，始各散休。”

当时清政府对美国舰队高规格的接待，呈现出他们对中美关系的深层期待，而梁敦彦作为精通外语的外务部主要官员，其应对自如的风度与出口成章的美式英语，无疑为这个接待添色不少。

四

1908年，美国海军舰队离开厦门后，梁敦彦请假南下，回乡探亲。请假时，慈禧太后问梁敦彦母亲高寿，梁敦彦说母亲今年七十有三。慈禧太后哈哈一笑说："你母亲跟我一样岁数。"说罢，"温柔地拔出自己的玉簪，递给梁敦彦，说：'代我把这个送给你的母亲。'梁敦彦深受感动，叩谢后离开慈禧太后的房间。出发前，他还做了一件事情。他虽崇尚现代但仍尊重传统。他查看一下《周易》。《周易》是一部玄书，预卜的结果是"临卦"，解释是"你会回到一个空巢"。这让梁敦彦大吃一惊。一路上，他都在想这个卦的含义。①

据吴范夫先生文章记载：当时广东水师提督李准得知梁敦彦回乡信息，马上派电船一艘，丁勇几名，护送梁敦彦回龙眼。梁敦彦卸下行装，彬彬有礼地逐户拜见乡中长辈、族中兄弟。

当时顺德梁氏族人梁永燊也恰好回乡。他身穿官服、跨上骏马前来拜见梁敦彦。梁敦彦见状，说：若你穿官服见我，应当下马跪拜；若不穿官服，我们可以兄弟身份相叙。对方自然马上改为便服，前来相见，共叙乡情。

巧合的是，1908年11月14日，光绪皇帝去世；次日，慈禧太后也撒手人寰。这令刚刚回到家的梁敦彦来不及细细拜祭先祖，又马上折回北京。

当年他归来踏上故乡的石狮码头如今仍在。红砂岩雕成的两只石狮子，斑驳零落，但仍精神抖数地守护水埠头。它们目睹梁敦彦喜气洋洋靠岸登埠，官员乡人前呼后拥，也记得他次日神色沧伤地与人们拱手作别。

从此，这位深爱家乡的梁敦彦再也没有回到这片土地，而石狮仍固执地守候

---

① ［以］利尔·莱博维茨、［美］马修·米勒：《幸运儿：晚清留美幼童的故事》，李志毓译，文化发展出版社，2019年，第240页。
梁敦彦在线档案，人民大学，http://www.daxt.cn/liangdunyan/index.htm.

码头，总希望能再闻得那欢呼声。

如今，石狮子仍守候码头，似在等待匆匆远去的梁敦彦再度归来——李清华摄于 2022 年 7 月勒流龙眼

当年，梁敦彦曾在新屋坊建造尚书第。门口有白色石狮子一对，不少乡民小时候都爬上石狮子玩耍，可惜后来损毁无踪，如今只剩下零碎记忆与传说。

第二节 签订《图们江中韩[1]界务条款》

一

清初，今图们江以北、海兰江以南的中国领土为封禁区域。但随着朝政衰落，禁令渐废弛，大批朝鲜半岛民众缓缓移入。他们垦荒辟地，种植谋生。后清政府发文大韩王朝，要求移民回迁。清政府随后设置官署，管理整治。

甲午战争后，清政府的国际威信不断下降，大韩王朝部分官员试图占有图们江以北土地，“间岛[2]事件”发生。

光绪三十年（1904年），两国签订《中韩边境善后章程》，商定双方地界、禁止出兵犯境、抓拿滋事首犯、撤除私搭浮桥等。随后，两国安好。

《大公报》1908年5月5日报道：“外务部梁敦彦侍郎熟悉外交，在部事无巨细靡不躬亲，今因患病，迭次请假，袁尚书特派某西医前往诊视，据云一时尚难就痊。”[3]当时梁敦彦确实殚精竭虑，在强国环伺中苦苦支撑朝廷的对外事务。

1908年12月，外务部会办大臣叶赫那拉·那桐（1857—1925年）、外务部尚书袁世凯、外务部右侍郎梁敦彦与日本驻华公使会谈，就“间岛问题”等六项中日外交事务进行交涉。

---

① 李氏朝鲜王朝第26代君主李熙（1852—1919年）于1864年继位，1897年改国名为“大韩帝国”。故此处为“中韩”而非“中朝”。本节中的“《图们江中韩界务条款》”中出现的“韩国”“韩民”皆缘于此。

② “间岛”是韩国人单方面对图们江以北、海兰江以南的中国领土的擅自称呼，包括延吉、汪清、和龙、珲春四县市。后日本扶植的伪满洲国曾在这一地区设立“间岛省”。所谓的“间岛”自古以来就是中国固有领土，现隶属中国吉林省延边朝鲜族自治州。当前世界各国政府都承认“间岛”是中国领土。

③ 《梁侍郎患病详情》，《大公报》1908年5月5日。

二

一直以来，日本对图们江以北垂涎三尺。他们意欲通过占领图们江以北和辽东半岛侵吞中国东北，而“间岛”则是进入中国东北的重要门户。

日本人制造舆论，不断扩大“间岛”的面积，将所占领区域称“间岛”，再与清政府争论归属问题。

光绪三十三年（1907 年），日本政府在“间岛”设立“统监府间岛派出所”，与清政府延吉厅（设于今吉林省延吉市）下属行政机关针锋相对。同时，向清政府发出照会，提出此地归属未能确定，日方派兵保护，趁机驻扎旧居。

清政府提出双方共同勘察地界，但日方只想谈判，以令归属利于日方。

后日军不断扩张，中方也毫不示弱，设立“吉林边务公署”，双方剑拔弩张，冲突不断。

三

时任奉天（辽宁省）巡抚的唐绍仪出使日本。他受外务部之命向日方提议解决“间岛问题”中的两个核心：中韩界务接续光绪十三年（1887 年）成案问题；越界垦地“韩民”问题。

此后，唐绍仪与日本外相小村寿太郎会谈。

> “10 月 21 日，唐绍仪和日本外相小村寿太郎进行会谈，二人详谈延吉之事。小村指出，中方以界务为重，日方以保护韩民（泛指当时朝鲜半岛民众）为重，如果中方能承认日方‘在延吉保护韩民之权’，那么日方也承认中方‘在延吉有地主之权’。这是日本第一次公开表明可以有条件地承认‘间岛’属于中国。”①

> “伊集院公使赴任后，于 1908 年 12 月 25 日（农历十一月十三日）将‘满洲六案’的件名通告了中方，包括：①法库门铁路；②大石桥支线；③‘京奉’铁路延长至奉天城门；④抚顺、烟台煤矿；⑤‘安奉’铁路沿线矿务；⑥‘间岛问题’等。即将东三省‘五案’和‘间岛问题’绑在了一起。从这

① 李花子：《中日“间岛问题”和东三省“五案”的谈判详析》，《史学集刊》2016 年第 5 期。

时起到第二年（1909 年）3 月，伊集院公使和清外务部之间进行了七次有关‘六案’的会谈。”①

此处提及的“伊集院公使”为伊集院彦吉（1864 年 7 月 22 日－1924 年 4 月 26 日），是日本明治、大正时代外交官，曾任日本驻华公使、外务大臣。

《大公报》1908 年 9 月 1 日报道：“政府以‘间岛’交涉争论已久，至今尚无结果，若不早日议结，将来更难办理，拟请专派梁敦彦侍郎办理此事，以专责成，而期从速了结云。”②可见，在唐绍仪与日本会谈前，朝野就期待梁敦彦参与此事。

四

12 月 28 日（农历十一月十六日），伊集院彦吉与叶赫那拉·那桐、袁世凯、梁敦彦等在清外务部见面。此为第一次会谈，谈论核心是“六案”具体内容。袁世凯担任中方谈判代表。他委婉而坚决地拒绝日方将“五案”与“间岛问题”混为一谈，更指出日方实际已承认“间岛”为中国领土，彼此意见不合，谈判无果而终。

1909 年 1 月，已升任外务部尚书的梁敦彦，咨询陶大均与伊集院彦吉举行会谈，彼此只是探究对方意图与调整策略。

1909 年 1 月 27 日，梁敦彦与右侍郎邹嘉来、右参议曹汝霖及陶大均与伊集院彦吉进行第三轮谈判。梁敦彦展示大量文献证据论述“间岛”为中国领土，使对方难以辩驳。

随后，梁敦彦认为抚顺煤矿为个人私产，对方可补偿矿主，但日方根据《中日会议东三省事宜条约》认为日本享有该矿开采权，强烈要求由日本独自开采该矿，不过，因关涉日俄战后签订的条约及东三省煤矿利益，梁敦彦不轻易表态。

此外，有关法库门等铁路的修建，以梁敦彦为代表的中方谈判组从不松口，以防止对方势力扩张。

---

① 李花子：《中日“间岛问题”和东三省“五案”的谈判详析》，《史学集刊》2016 年第 5 期。

② 《间岛交涉之近闻》，《大公报》1908 年 9 月 1 日。

五

2月3日，梁敦彦与伊集院彦吉进行第四轮会谈。双方就抚顺、烟台煤矿是否属于日本展开激烈辩论。

2月10日，梁敦彦再次表示不同意法库门铁路等相关问题的讨论。

梁敦彦拒绝同意“间岛”上日本人的杂居权，同时，允许日本在“间岛”设置领事馆。

涉及“韩民”的裁判管辖权归属问题，成为“六案”谈判中双方争论最激烈的问题，使谈判久拖不决。因这关系到领土权和管辖权的统一，中方始终不肯让步。

此外，会谈还涉及各种铁路修筑的问题，梁敦彦都清晰而明确地指出要将“间岛”问题分开谈判。

其间的唇枪舌剑，针锋相对，尤其是日本的咄咄逼人，的确需要中方代表具备高超的谈判技巧与坚定利益底线的信念。梁敦彦作为中方代表，不畏安危，力争不让，令对方无计可施。

六

2月17日，梁敦彦和伊集院彦吉举行第六轮会谈。

> “伊集院指出，只要中方承认有关‘间岛问题’的5个条件及其他悬案(2月6日的日方觉书)，那么日方可以在‘间岛’所属问题上让步，他接到了这样的训令。这是伊集院第一次公开表明可以有条件地承认‘间岛’领土权属于中国。”①

梁敦彦指出，若承认“间岛”的领土权却不承认中国对该地韩民的法权，则毫无实意。他建议开设商埠，居商埠内或在其他地方游历者，服从大韩帝国法权；在商埠以外（杂居地）居住且从事土地耕作者，则服从中国法权。

2月28日，梁敦彦与伊集院彦吉举行第七轮会谈，表示不会答应日方在商埠以外设警权。

---

① 李花子:《中日“间岛问题”和东三省“五案”的谈判详析》,《史学集刊》2016年第5期。

七

“总之，通过以上七次会谈，日本将‘间岛问题’与东三省‘五案’绑在一起，以承认‘间岛’领土权属于中国作为筹码，企图夺取朝鲜人管辖裁判权和东三省‘五案’的利权。而中方为了使日方承认领土权属于中国及撤出‘统监府间岛派出所’，除了在‘五案’上让步以外，还允许日本在‘间岛’设立领事馆和分馆，承认日本对商埠内的朝鲜人行使裁判权，但是在商埠外的杂居地则坚持中国的法权，这实为中方谈判的底线。可以看出，双方争论的焦点集中在杂居地朝鲜人裁判权上。”①

上文所述朝鲜人即当时所称“韩人”。“间岛”地区几乎都是韩人，若中方只有领土权，则失去管辖裁判权，中方领土权如一纸空文。因此，领土权与韩人管辖裁判权合二为一，是中方的底线。此后，为向日方施加压力，中方提出将“六案”提交海牙国际仲裁庭（Permanent Court of Arbitration）。

八

在国际舆论和利益考虑下，日方重回谈判桌。最终，在1909年9月4日，大清国钦命外务部尚书会办大臣梁敦彦与日本国特命全权公使伊集院彦吉在北京会面，签署《图们江中韩界务条款》。

在这场艰苦卓绝的漫长谈判中，正如李花子评价的那样：

“对于中方来说，两协约的签订，最终迫使日方承认‘间岛’领土权和杂居地朝鲜人（即当时所称‘韩人’，笔者注）裁判权属于中国，从而在很大程度上实现了领土权和管辖权的统一，特别是迫使日方撤出了非法的‘统监府间岛派出所’，这无疑是中方维护领土主权斗争的胜利。另外，由于中方的斗争，使日本的领事裁判权限定在四处商埠内，堵住了日本更大的侵略企图和野心，特别是由于中方的斗争，两协约增加了不少维护中国主权的内

① 李花子：《中日“间岛问题”和东三省“五案”的谈判详析》，《史学集刊》2016年第5期。

容，这就使得中方在以后与日方交涉时，有了更多的回旋余地，这些都是值得肯定的。”①

在清末列强分割国土的情势下，梁敦彦以国为重，轻重有度，据理力争，寸土不让，保护国家主权，受到朝野上下高度评价。

① 李花子：《中日“间岛问题”和东三省“五案”的谈判详析》，《史学集刊》2016年第5期。引文中的“两协约”指《图们江中韩界务条款》和《东三省五案协约》。

第三节　推动庚子留美项目

一

庚子留美项目源自庚子赔款。

清光绪二十六年（1900 年），爆发八国联军侵华战争，清政府战败，八国联军占领北京紫禁城皇宫。1901 年（辛丑年）9 月，中国与 11 个国家签订《解决 1900 年动乱最后议定书》，即《辛丑条约》。条约规定，中国从海关银等关税中取出 4.5 亿两白银作赔偿，并以各国货币汇率结算，按 4% 年息计算，分 39 年还清，本息共计 982,238,150 两。此笔款项，因发生在庚子年，史称“庚子赔款”。

> “1901 年 9 月《辛丑条约》签订后，由于各国申报的赔款总额高达 4.6 亿多两，比和约规定的 4.5 亿两多出 1000 余万两，因此各国继续就如何分配庚子赔款问题举行谈判。”①

> “美国政府从刚确立的对华‘门户开放’政策出发，认为一个稳定完整的中国是符合美国利益的，因此在赔款问题上不像德、法、日、俄等国那样，希望从清政府那里榨取尽可能多的赔款，相反，主张将赔款额尽量限制在清政府能够承受的范围内，不要给清政府造成过度的财政压力，以致清政府失去生存和改革的能力。”②

美国提出将费用降低到 4.5 亿两，也愿意再度削减数额。曾在 1900 年出任美方特使和全权代表的柔克义（William W.Rockhill，1854—1914 年）建议美国只要求获得属于本国赔款总数的一半。

柔克义早年毕业于法国圣西尔军事专科学校（École Spéciale Militaire de Saint-Cyr, ESM），后赴中国，研习藏传佛教。1884 年，任美国驻华公使秘书。后深入柴达木、昌都、甘孜、康定等地，潜心研究中国。

---

① 崔志海：《关于美国第一次退还部分庚款的几个问题》，《近代史研究》2004 年第 1 期。

② 崔志海：《关于美国第一次退还部分庚款的几个问题》，《近代史研究》2004 年第 1 期。

> “1901 年 1 月 29 日，（美国国务卿）海约翰具体指示康格将庚子赔款的总数限制在 1.5 亿元（约合关平银 2.02 亿两），同时提出美国的损失和支出约为 2500 万美元。在此需指出的是，海约翰当时提出美国的损失为 2500 万美元，并不是实际要求的赔款额，只是一个虚报的数字，目的是为在谈判中要求其他列强削减赔款数目预设一个筹码。”①

后来，美国国务卿海约翰②将美国这一计划告知中国驻美大使梁诚。梁诚敏锐地抓住这一难得机会，积极游说美国各方，努力推动美国形成退还部分赔款计划。

> “退还的办法是‘先赔后退’，即由清政府上海海关道按期将原赔款数，向美国设在上海的花旗银行缴付赔款，然后再由美国领事通知银行应退之数。这种先赔后退的手续，一方面为了保持美国的‘实际债权人’的地位，也为了有效地监督庚款的用途。
>
> 退款的目的，主要为防止类似义和团运动的反帝斗争的重演，同时也为了配合美国在经济上对中国的渗透，进一步推行了美国在华的‘门户开放’政策。”③

不过，根据美国人保罗·S. 芮恩施（Paul S.Reinsch）（1869—1923 年）在《一个美国外交官使华记》回忆，在 1914 年，当时出任内阁交通总长的梁敦彦跟他说：“他（梁敦彦）在 1901 年提出过这样一个建议：应该容许中国人用一笔与偿付赔款数目相等的公款送青年到国外去留学，以替代偿付赔款。”④可见，派遣青年到国外留学，一直是梁敦彦的内心愿望。

---

① 崔志海：《关于美国第一次退还部分庚款的几个问题》，《近代史研究》2004 年第 1 期。

② 全名为“约翰·米尔顿·海伊”（John Milton Hay），生于 1838 年，1898 年起出任国务卿，直到 1905 年去世为止。“海约翰”系一种简单译法。

③ 中山大学历史系编《中山大学史学集刊》（第三辑），梁碧莹：《中美关系史上的一段插曲——注美国第二次退还庚款与中国教育文化事业》，广东人民出版社，1995 年，第 83 页。

④ ［美］保罗·S. 芮恩施：《一个美国外交官使华记》，商务印书馆，1982 年，第 86 页。

二

梁诚（1864—1917年），广州市番禺区黄埔村人，清光绪元年（1875年）赴美，为第四批留美幼童。1878年，入读马萨诸塞州安度华的菲利普斯学校。回国后曾两次跟随中国特使，先后赴英国和美国；1903—1908年，出使美国、秘鲁、古巴等国。

1905年，新任驻华公使柔克义在来华前向驻美大使梁诚了解清政府使用庚子赔款使用方案，为总统向国会提出议案提供精确信息背景。

此时，清政府对于退回的赔款用于兴学这一动议一直持迟疑与保留态度。他们更愿意将款项用于铁路、煤矿的建设和开发。但美国对于款项用于兴学的方向从未改变。

当时清政府对庚子赔款的用途迟疑不决——李清华摄于2022年

"1908年5月25日，美国国会通过议案，授权美国总统以合适的方式退还部分庚子赔款。同日，美国国务卿罗脱指示美国驻华公使柔克义就此一问题征求清政府的意见。在与清政府讨论退款方式的过程中，柔克义极力贯彻美国政府的意图，胁迫清政府必须将退款完全用于派遣中国学生赴美留学。"[①]

① 崔志海：《关于美国第一次退还部分庚款的几个问题》，《近代史研究》2004年第1期。

但清朝廷意见不一，袁世凯希望投资实业，徐世昌力主开发东北，梁敦彦、唐绍仪等经过权衡与商讨，最终认为款项应用于教育。大家终于达成共识，按照美国计划用于留美教育。

“最后，柔克义与唐绍仪就派遣中国学生赴美达成一致意见，商定头4年每年选派100名学生赴美留学，学习期为8年，此后为每年50人。”①

三

曾任驻美使馆参赞的颜惠庆（1877—1950年）回忆道：

“美国政府在退还部分‘庚子赔款’时曾私下表示，希望这笔资金能用于派遣学生前往美国留学。清政府内部在派遣什么样学生的问题上发生了争议：学部坚持认为，应派遣国学基础扎实的成年学生出国。外务部，特别是梁敦彦先生则主张，须选派年少者，以使他们能够彻底美国化。他解释道，只有树苗而不是已长成的树，才能经过适当的修剪，栽培成为需要的树木。他想出了这样一个主意：至少派遣数千名少年到美国留学，将来学成归来后，全国每个行政区可分配一二名，由他们提出并实施地方的改革方案。他认为，由于外国的侵略，中国的危难迫在眉睫。如果不立刻进行彻底的改革，拯救中国将无望。显而易见，他的这些主张颇受个人经验和印象的影响和左右。因为当年他在容闳博士的率领下出国留学时就是一位十二三岁的少年……持不同意见者则担忧，年少者出国，会失去国民性，变为彻底的‘洋人’；他们会丢掉中国的习俗、传统和学术知识，甚至可能会淡漠对民族文化的感情，缺乏对民族文化的理解，从而变成无法为国家效力的人，至少在他们归国后的数年中，会是这样。”②

后学部与外务部相互折中，在《遣派学生赴美办法大纲》中规定，学生年龄为二十岁以下。

---

① 崔志海：《关于美国第一次退还部分庚款的几个问题》，《近代史研究》2004年第1期。

② 颜惠庆：《颜惠庆自传——一位民国元老的历史记忆》，吴建雍、李宝臣、叶凤美译，商务印书馆，2003年，第83-84页。

四

1908 年 7 月，梁敦彦就美国退还庚子赔款余款事项与美方达成协议：将超出部分 1100 余万美元退还中国，用于派遣学生赴美留学。

庆亲王奕劻与叶赫那拉·那桐、袁世凯、联方、梁敦彦联名签署《外交部照会（附件三）》，专就派遣留学生事宜提交“补充条陈”，强调：

“从赔款开始退还之年起，敝国政府于前四年每年遣送百人至美留学，俾敝国在此四年中已有学生四百人在贵国留学。自第五年起，每年至少必遣五十人赴美留学，一直至该项退还赔款用毕为止。”[①]

后续经过如下：

“梁敦彦负责草拟照会文本，经庆亲王奕劻批准。7 月 14 日中美双方交换照会。1908 年 10 月 31 日，袁世凯制定《派遣美国留学生章程草案》。12 月 28 日，罗斯福总统颁布实施法令，宣布该退款从 1909 年 1 月 1 日起施行。[②]

五

在整个过程中，国内最早接触庚子赔款事务的是外务部右侍郎梁敦彦。

经过几十年艰苦卓绝的披荆斩棘，尤其是甲午战争失败、八国联军入侵中国后，梁敦彦虽与大批身怀家国大义的精英们力挽狂澜，但仍深感力绌心疲，四面楚歌。他更痛感国内资金需求的最大缺口就在兴办实业上，但没有大批英才支撑的实业仍难以让国家快速崛起、远离被群凶围剿却无力抵抗的困境。因此，梁敦彦与同是留美学生的唐绍仪等一起主动沟通上下级官员，积极联络，真诚协商，最终令彼此皆感允当，同意将美国庚子赔款超出部分用于国内英才留学美国，也为此后长达几十年的中国学生留美潮铺平道路。

---

① 清华大学校史研究室编《清华大学史料选编（一）》，清华大学出版社，1991 年，第 102-103 页。

② 唐绍明：《清华大学校长唐国安——一位早期留美学生的报国之路》，清华大学出版社，2016 年，第 346 页。

六

1908 年底，中美达成协议，商定从 1909 年起，每年以退款遣派 100 名学生赴美留学，从第五年起减为每年不少于 50 名，依此比例推进，至 1940 年结束，期限 32 年。

一直参与后主责此事的梁敦彦代表中国政府在协议书上签字。

根据相关协定，清政府同意报考学生在肄业馆学习数月或一年，通过考试后才能赴美留学。后来，第一批学生考录后直接赴美。

1909 年 9 月 1 日，留美考试通过《申报》向全国公布。

七

如今的史家胡同，已难寻昔日痕迹，但当年梁敦彦族人曾生活其中，而游美学务处就设在此处——甘慕仪摄于 2023 年 5 月

与 1872 年梁敦彦等赴美时的情形大不相同，此时的中国，对欧美社会的认识渐深，人们深受列强压迫，都想睁眼看世界，得获此机会，无不奋勇争先。据报道报名者近千人，应考者 500 人。

1909 年，外务部奏请成立游美学务处，管理具体事务。游美学务处设在史家胡同（今属北京市东城区）。此处 1909—1911 年在共举办三次招生考试。

此二考试的难度、挑选严度、科目广泛度为历届所未见。

第一天考经史地理，

始建于 1911 年的清华学堂老建筑，如今成为清华学子回顾学校历史、潜心攻读处——黄耀翔摄

第二天考英语、算学。9 月 8 日发榜，取 68 名。9 月 9 日至 13 日，考物理、化学、博物、代数、几何、三角、外国古代史、外国近代史、外国地理。除英语外，可加考德语、法语、拉丁语，若考两科或全部，则作为加分以资鼓励。最后录取赴美留学者共 47 人，录取比例为 1/13，约 7.7%。

胡适后来在《追想胡明复》中回忆当时观看公布录取的情景：

> 那一天，有人来说，发榜了。我坐了人力车去看榜，到史家胡同时，天已黑了。我拿了车上的灯，从榜尾倒看上去（因为我自信我考的很不好），看完了一张榜，没有我的名字，我很失望。看过头上，才知道那一张是“备取”的榜。我再拿灯照读那“正取”的榜，仍是倒读上去。看到我的名字了！仔细一看，却是“胡达”，不是“胡适”。我再看上去，相隔很近，便是我的姓名了。我抽了一口气，放下灯，仍坐原车回去了，心里却想着：“那个胡达不知是谁，几乎害我空高兴一场！”①

这位胡达（1891—1927 年），就是著名数学家胡明复。他是哈佛大学数学博士，也是现代中国第一位数学博士。

---

① 胡适：《追想胡明复》，《胡适精品散文集（下）》，二十一世纪出版社，2017 年，第 38 页。

从1909年到20世纪40年代初，陆续赴美的留学生大多成为学界精英。他们之中有清华大学校长、著名教育家梅贻琦，我国现代物理奠基者胡刚复（胡明复之弟），我国现代化学奠基者张子高，我国现代地理学、气象学的奠基者竺可桢，我国现代语言学之父、现代音乐学先驱赵元任，著名化工学家徐佩璜，经济学家陈岱孙，化学家叶企孙，物理学家严济慈、杨振宁，“两弹一星功勋”钱学森，数学家赵九章、陈省身，生物学家童第周等。

这批英才在中国现代发展中发挥出难以匹比的聪明才智，作出开创性的杰出贡献，成为推动中国全方位发展的重要力量。

第四节 促成设立游美肄业馆

一

清宣统元年五月二十三日（1909 年 7 月 10 日），由梁敦彦担任尚书的外务部主稿，会同学部办理的《会奏收还美国赔款遣派学生赴美留学办法折》中提出："拟在京师设立游美学务处，由外务部、学部派员管理，综司考选学生、遣送出洋调查稽核一切事宜。并附设肄业馆一所，选取学生入馆试验，择其学行优美，资性纯笃者，随时送往美国肄业，以十分之八习农工商矿等科；以十分之二习法政理财师范诸学。所有在美收支学费、稽察功课、约束生徒、照料起居事物极为繁重，拟专派监督办理。"①

梁敦彦为主导的外务部从游美学务处和肄业馆的设立、选择学生的原则、学科比例的分配、相关事务的管理监督，事无巨细，悉心策划，可见他与早年留学、如今担任各级职务的同僚们对此事的全力以赴与满心期待。

二

1909 年 8 月，由梁敦彦任尚书的外务部推荐唐国安出任游美学务处会办。唐国安（1858—1913 年），广东省香山县唐家湾鸡山村人。1880 年入耶鲁大学法律系学习。回国后辗转各处。此时，他与范源濂同为会办，主持学务处工作。

宣统元年八月十五日（1909 年 9 月 28 日），由外务部主稿，会同学部办理的《外务部为兴筑游美肄业馆奏稿》中写到："查有西直门外成府东北清华园旧址一区，方广约四百余亩，尚存房屋数十间，卉木萧疏，泉流映带，清爽高旷，于卫生最为合宜，且与京张铁路线距离仅半里，往来亦称便利，以之建筑讲堂、操场、办事室、图书馆、礁溪寓庐、学生斋舍、庶几藏修游息各得其宜。该园现

① 清华大学校史研究室编《清华大学史料选编》第一卷，清华大学出版社，1991年，第116页。原稿源自《清华大学校史第一编资料选辑（一）》。

归内务府房租库经营，合无仰恳天恩俯准，将该园地亩房屋全行赏拨，作为游美肄业馆之用。”①

以梁敦彦为尚书的外务部对游美肄业馆地理位置与交通便利的考虑与地址的选择，可谓周密细致，又充满文化情怀。

从 1909 年 1 月开始担任外务部尚书的梁敦彦着力主导，会同学部，连同一批曾留美学习、致力国家振兴的有志者，全力以赴地投入到申请清华园地亩兴筑游美肄业馆、选择优秀学生入肄业馆培训、设定十分之八学习农工商矿、十分之二学习法政理财师范学堂的比例，同时，完善各种监管制度。1910 年，游美肄业馆开办。

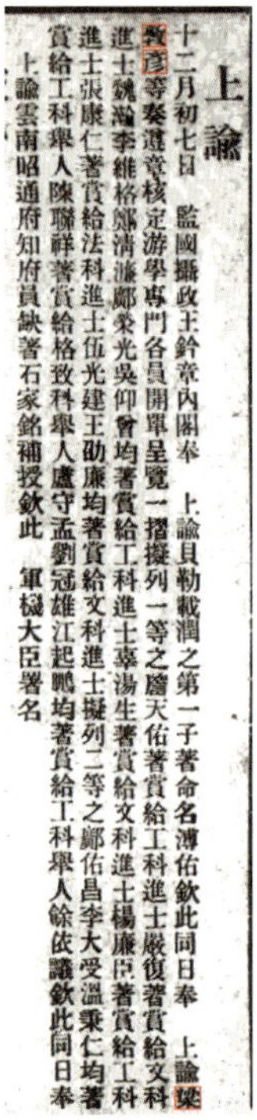
上諭
十二月初七日　監國攝政王鈐章內閣奉　上諭貝勒載潤之第一子著命名溥佑欽此同日奉　上諭梁敦彥等奏遵章核定游學專門各員開單呈覽一摺擬列一等之詹天佑著賞給工科進士嚴復著賞給文科進士魏瀚李維格鄭清濂鄺榮光吳仰曾均著賞給工科進士辜湯生著賞給文科進士楊廉臣著賞給工科進士張康仁著賞給法科進士伍光建王劭廉均著賞給文科進士擬列二等之鄭佑昌李大受溫秉仁均著賞給工科舉人陳聯祥著賞給格致科舉人盧守孟劉冠雄江起鵬均著賞給工科舉人徐依讓欽此同日奉　上諭雲南昭通府知府員缺著石家銘補授欽此　軍機大臣署名

从上谕可知，1910 年 1 月 17 日，梁敦彦还在推进游学美国项目的各种细化工作——图片来源：刘锦藻：《皇朝续文献通考》，商务印书馆，1935-1936 年。

三

从早期接触美国驻华公使柔克义商讨赔款退还事宜，到是否用于教育到最终与众大臣达成留美教育共识，又到字斟句酌草拟各种照会，推动此事落地，与庆亲王奕劻、叶赫那拉·那桐、袁世凯、联方联名签署《外交部照会（附件三）》，再到坚持留美学生的年龄、学科的制定，直至代表清政府签署合约，梁敦彦事必躬亲，全力以赴，严丝密缝，力求万无一失，为此付出巨大智慧与心血。

因此，在 1931 年 5 月的《国立清华大学二十周年纪念册》中，如此叙述：

“宣统元年（1909 年），即美国退还赔款之第一年，外务部与学务部组织游美学务处于北京，专司考选学生，建设学堂，选任监督，及内外各往来文件，并管理经费等事，是为清华组织之基础。”②

① 清华大学校史研究室编《清华大学史料选编》第一卷，清华大学出版社，1991 年，第 3-4 页 。档案来源：中国第一历史档案馆。

② 清华大学校史研究室编《清华大学史料选编》第一卷，清华大学出版社，1991 年，第 45 页。

这段叙述可作为旁观者与后来人对这段历史客观的回顾。

四

1911 年 2 月，游美学务处与筹建中的游美肄业馆迁入清华园，分初等科与高等科，对应美国的小学和中学。1911 年 4 月，游美肄业馆改称“清华学堂”，为留美预备学校，唐国安兼任副监督。1911 年 11 月，学堂因辛亥革命爆发关闭，唐国安积极复课准备。1912 年 4 月，唐国安任清华学堂监督，5 月 1 日学堂复课，10 月学堂改称“清华学校”，唐国安任校长。1928 年 8 月改称“国立清华大学”，成为严格意义上的现代大学。

清华园主体建筑工字厅，是游美学务处、游美肄业馆和清华学堂最早的行政办公场所和教职员宿舍——清华大学校史馆供图

从游美肄业馆到清华学堂、清华学校，从完善管理机制到修订各项章程，唐国安无不全力以赴，后因学堂资金停发，他向外交部、财务部要求庚子款项直拨

给学校，所有这些努力，皆可视为当初梁敦彦、唐绍仪、梁诚等人推动留学美国、构建学堂的具体实施、延续坚持与完善，也可看到梁敦彦、唐国安他们对国家教育与未来发展的深远贡献。

在梁敦彦、唐国安等人大力推进留美项目的时候，他们并不知道，当年带领他们远赴美国，心怀高远、意气风发的恩师容闳在美国悄然去世（1912 年）。去世时，孤寂一人，身无分文。

四十年前（1872 年），容闳经过千辛万苦将梁敦彦等留美幼童护送出国。四十年后，梁敦彦、唐绍仪、梁诚、欧阳庚、唐国安、唐元湛等曾经的留美幼童，接续容闳火把，继续高举，一路前行，开拓中国留美教育新篇章，更为中国现当代社会发展培养出大批具有国际影响的学界精英。正如唐绍明先生在《清华大学校长唐国安——一位早期留美学生的报国之路》所说："人们在缅怀唐国安、唐元湛、容揆的时候，也不会忘记同样是留美幼童的唐绍仪、梁敦彦、梁诚和周自齐、伍廷芳、颜惠庆等外交家。他们在与美方交涉退还庚款余款用于办学等谈判中，做出过重要贡献。"[①] 容闳如果泉下有知，定会欣慰微笑。因为，当年的一片苦心，如今已看到各种令人惊喜的收获。

① 唐绍明：《清华大学校长唐国安——一位早期留美学生的报国之路》，清华大学出版社，2016 年，第 351 页。

第六章
晚年岁月

第一节　缔结中美德三国联盟

一

清宣统元年（1909 年）1 月 23 日，梁敦彦实授外务部尚书会办大臣。

这里还有一段故事。袁世凯出任军机大臣后召见梁敦彦。他一直觉得这个顺德人思想坚定，深谙与外国人打交道的艺术。他说要让梁敦彦出任外务部尚书。

> “让袁感到意外的是，梁敦彦竟然拒绝接受这一职务。他告诉袁世凯，他的性格比较内向，不擅长与人交际、周旋，因此不适合担任这一职务。另外，他认为国内事务比国际事务更为迫切。如果袁世凯真的赏识他，那希望袁世凯能让他担任一个省级官员，在国内实施改革。”①

可见，梁敦彦确实并非一心求官或光宗耀祖。作为一个纯粹的乡间子弟，如今，其成就与地位早已超越父祖辈光宗耀祖的内心宏愿，令其家族在村中荣耀难匹，但渐入权力中枢的他更希望用自己的才能与勤勉，更用自己的良心与理想，去协助管理和推动这个自己深爱的国家。

对于已达知天命之年的梁敦彦来说，官升一级，呼风唤雨，已毫无吸引力。内向、沉稳、疲于周旋的他更愿在风雨飘摇中去精心经营一方天地，让民众得以安生，但历史的选择与时代的需求已然来临，个人无法走出历史与时代的洪流。他只能在袁世凯惊讶的目光中接受这个其他人垂涎已久的职位。

---

① ［以］利尔·莱博维茨、［美］马修·米勒：《幸运儿：晚清留美幼童的故事》，李志毓译，文化发展出版社，2019 年，第 238-239 页。

二

1910 年 7 月，在各种权力漩涡中疲于应对的梁敦彦辞去外务部尚书职务，由江苏省苏州吴县人邹嘉来（1853—1921 年）接任。

1910 年 9 月，梁敦彦受朝廷委托，与外务部主事唐国安和邮政部员外郎、顺德人梁用弧（1874—1923 年）等远赴德国、美国。

他们有三个秘密使命：一是与美、德缔结条约，维持中国主权完整；二是邀请德国帮助中国建立陆军、美国帮助中国建立海军；三是帮助中国改良税制。

日俄战争（1904—1905 年）和摩洛哥危机后，德国在欧洲孤立无援。

日俄战争源于 1900 年 7 月，俄国在八国联军侵华期间占领中国东北三省。1902 年 4 月，中俄签订《交收东三省条约》。俄国撤兵后，不肯继续履行条约，日、英、美三国强烈不满。1903 年 8 月，日本与俄国因彼此利益纷争谈判无果，后断绝外交关系。2 月 8 日，日本海军突袭俄国驻扎在中国旅顺口（今属大连市）的舰队，日俄战争爆发。后日本击败俄国，得以进一步加紧侵略中国与朝鲜。

1904 年 4 月，英法两国签订协约，法国承诺不干涉英国在埃及的行动；英国承认摩洛哥是法国的势力范围。协约已然损害德国在摩洛哥的利益。因此，德国在欧洲渐受各国合力孤立。

三

德国驻华大使雷克斯（Grof von Rex）提议与中国、美国合作，以抵御英日法俄的围攻与封闭。于是，德国向美国转达合作的意向，美国表示三国可暂时形成一个非正式联盟。

英法俄日逐渐形成的联盟在中国引起重大震动，朝廷上下皆深感列强将再度分割中国。

> “端方提出主动联络当时遭遇外交孤立的德国和对日关系恶化的美国。袁世凯赞成此举，并认为需在与德美两国交涉之外，取得与英国的协调，以减弱日英关系对华的损害。”①

① 何昕：《梁敦彦评传》，华东师范大学硕士学位论文，2019 年，第 49 页。

作为袁世凯外交领域的得力助手，梁敦彦十分赞同且坚决执行袁世凯的对外方针。他出任外务部右侍郎后，马上到德国驻华大使馆交涉，告知军机大臣兼外务大臣袁世凯积极推进此项目，更派唐绍仪远赴美国，磋商具体落实。但时任美国总统西奥多·罗斯福（Theodore Roosevelt，1858—1919 年）认为时机尚未成熟，而日本与美国签订《卢特· 高平协定》[①]令朝廷误判美日已成联盟，从而中断这个结盟的努力。

此时，梁敦彦身怀使命，秘密前往德国。在柏林，他向首相柏特曼何尔味提交了一份密函，请求德国派出经验丰富的军官改革中国军事。

德国表示若美国提出同样的计划，则这一三方联盟的构想将推进得更顺利。但美国、德国因各自利益的考虑，无法达成共识。辛亥革命的突然爆发，令梁敦彦千里远行的艰辛努力无疾而终。

当时的德国成为清政府意欲联盟的国家——舒涣摄于 2022 年 8 月

① 又称《日本和美国关于太平洋地区通商及维护中国完整和贸易的换文》，是日本驻美国大使高平小五郎与美国国务卿鲁特 1908 年 11 月 30 日在华盛顿互换的照会。双方强调太平洋上的贸易自由与和平发展，重申在中国的门户开放政策和相互尊重两国控制下的远东领土。其实质是日本承认美国在菲律宾的地位，美国承认日本在中国东北的特权；暂时缓和两国在远东的利益冲突。

梁敦彦秘密前往德国，力争与德国、美国形成三国联盟——舒涣摄于 2022 年 8 月

四

据贺宝善回忆，当时梁敦彦全家赴欧，其女儿梁霭珊年方十六，雅丽迷人，欧洲各国王孙公子皆拜服于其石榴裙下。

当时德国宫廷举办舞会，女子多身穿窄腰大蓬裙，风姿婀娜。一年轻伯爵盛情邀舞，梁霭珊解释应按次序应舞，对方未能听清，执意盛邀，僵持不下。梁霭珊哥哥梁致祥见状，前来劝解。伯爵以为梁致祥为梁霭珊男友，怒从中来，执意要执剑决斗。后知情者前来解释，大家方消除误解，握手言好。此事在德国外交圈引为趣话。

离开德国，梁敦彦赴美，回到哈特福德城和耶鲁大学，接受耶鲁大学颁发的名誉法学博士学位。

梁敦彦趁机与西点军校[①]接洽，改变昔日美国政府拒绝中国留学生进入此校的规定，令其答应每年接受两名中国学生进入此校，接受军事训练，为近代中国培训一批军事英才。他还拜见当年接收他住宿、指导他行为举止的巴特拉夫人一家，欢聚一堂，其乐融融。

朝廷对于三国联盟的构想与努力虽意外终止，但梁敦彦对国家主权和利益完整性的努力令人敬仰。

---

① 美国军事学院（The Vnited States Military Academic）位于纽约州的西点（West Point）镇，故又称“西点军校”。

五

虽然梁敦彦远赴欧美，但国内媒体对其报道与猜测从未中断。

《大公报》1911年4月20日报道：

“政府因现今交涉繁难，积压之重要案件甚多，非赶速理结不足以清轇轕，惟朝内之素称外交能手者甚少，拟即召用长于外交之人员如梁敦彦、伍廷芳、杨枢等来京，藉资臂助。闻日前已均致有密电催其北上，至如何任用之，处尚难预料。”①

《大公报》1911年4月20日又报道：

“枢府前曾电调前外务部尚书梁敦彦速即回国，进京有重大事件将与面商。昨日已由驻美张慦伯钦使电覆，谓该尚书现已整顿行装，指日回国。其中原因，外间传说不一。将任以外务部尚书者，有谓系有该尚书经手交涉，须面商解决者，更有谓将任以外交顾问大臣者，未稔孰是，姑先志之，以觇其后。”②

从媒体对梁敦彦的关注与跟踪，可知梁敦彦确实是当时众望所归的外交事务领航者。

《大公报》1911年5月17日报道：

“前外务部尚书梁敦彦向寓京师崇文门内麻线胡同。近来门前异常冷落，其官衔牌及原钉之外务部梁门牌日昨忽悉行撤去。外间咸不知其何故。据该宅中人云：梁现居美国，此次虽蒙简放，然殊不愿回京莅任，其奏请收回成命之封奏，不日即可到京。”③即使梁敦彦远在美国，媒体仍关注其门户变化，足见他在民众、京城、朝廷备受关注的身份与作用。

六

《大公报》1911年5月18日报道：

① 《政府将召用外交人员》，《大公报》1911年4月20日。

② 《电调梁尚书究将何为》，《大公报》1911年4月20日。

③ 《梁敦彦京寓之冷落》，《大公报》1911年5月17日。

“新授外务大臣梁敦彦因蒙简缺后，即有电奏来京。据称臣前任外务部负咎良多，乃未蒙谴责，尤为滋愧。嗣因患病开缺，赴美就医，今当新内阁成立，仍渥蒙简外务大臣，闻命之下，悚惧万分。即应诣阙谢恩，惟思现在外交案件日益加繁，国际竞争势将激烈，故各国政府对外问题皆贯以全力，臣观欧美各国政府对于外务大臣，皆选品学优越，精通内外政治者充之，臣自思无此才力，徒负重责，况病未复元，益形竭蹶，一再思维，恳另简贤员，俟臣大愈再图报効等语。闻经总理大臣庆邸电复，备述朝廷倚重之意，不得固辞，仰即遵旨回国，从速莅任。”①

由于对国内急剧变化后的政治形势走向未能透彻理解，梁敦彦只得以病为由，力辞不就，但朝廷催促紧迫，国内外高度关注，令他左右为难，也可反映出朝廷对他在外交事务上的倚重，更可证明平时他对朋友所说“为官朝中，非为高官厚禄，而是意在贡献国家”等语绝非虚言。

《大公报》1911 年 5 月 22 日报道：

“新授外务大臣梁敦彦恳请收回成命，电奏昨日到京。监国览后，随于折尾朱批云：新内阁现当成立之始，外务最关重要，卿才素为朝廷所深悉，故特简授是任，卿受命之下，正宜赶速来京力图报国，曷能固辞？所请收回成命之处，着勿庸议，仍着迅即来京接篆视事，当由新内阁加封寄回，故未发表。”②

其实，久居国外的梁敦彦，目睹各国制度完整，管理井井有条，经济稳定，一直在反思与寻找解困良方。无意为官的他更不想再陷入无尽的权力纷争与难以看到希望的未来中。因此，他反复婉转推托，以求远离，但因内心对国家的挚爱，在朝廷略有谴责的口气中，他深知无法回旋，只得收拾行装，匆匆回国。

七

《大公报》1911 年 5 月 31 日报道：

“外务大臣梁敦彦之辞任与否，于中国一切外交影响上非常重大，然从

① 《电催梁大臣速行到任》，《大公报》1911 年 5 月 18 日。

② 《辞职不准》，《大公报》1911 年 5 月 22 日。

来中国与他国异，外务大臣之外，复有所谓总理外务部事务者，是外交上之实权，仍操于庆亲王奕劻之手，若梁敦彦辞之不就，继其后者何人？一时颇难其选。现署外务大臣邹嘉来并非适用之材，唐绍仪虽能适用，而目下染病未愈，静养西山，起之良非易，实是中国之外交官现今正在缺乏时代也。”①

在中外交困的时代，梁敦彦经过几十年的积淀，确为当时唯一首选。即使他力辞不就，但时代与国家的需求，令其无法推脱。真可谓天降大任于斯人。

八

宣统三年（1911年）5月，庆亲王奕劻组成内阁，共由13人组成，其中皇族、满人共9人，汉人为梁敦彦、盛宣怀、徐世昌、唐景崧，其中梁敦彦出任外务大臣，史称“皇族内阁”。这4位汉人能进入内阁，可见他们突出的影响力与出色的行政能力。

同年11月1日，袁世凯出任内阁总理大臣。同一天，朝廷宣布解散“皇族内阁”，任命袁世凯为内阁总理大臣，回京筹组“责任内阁”。内阁以梁敦彦为外务部大臣、赵秉钧为民政大臣、严修为度支大臣、唐景崇（唐景崧之弟）为学务大臣、王士珍为陆军大臣、萨镇冰为海军大臣、沈家本为司法大臣、张謇为农工商大臣、杨士琦为邮传部大臣、达寿为理藩大臣。

庆亲王奕劻的“皇族内阁”虽有效促进中央政权从形式到权力的统一与集中，但皇族专制集权的结果令其人心渐失，袁世凯的责任内阁因而得以独揽大权，实行独裁政治，但难以挽回大清王朝的衰亡。

“从政治改革角度讲，清末责任内阁的成立具有一定的历史意义。它在形式上终结了传统的中枢机构，使中央政府告别了封建时代而步入近代，也在一定程度上改变了过去行政机构责权不明、职责不分的现象，为民国时期的政治机构改革、宪政设计提供了经验教训，具有一定的历史意义。”②

无论是庆亲王奕劻还是权臣袁世凯，他们都将外交重任交给稳重、干练、坚守底线的梁敦彦。虽然他一直在国外未归，但他们都虚位以待。梁敦彦以国家为

① 《梁敦彦评》，《大公报》1911年5月31日。

② 侯春奇：《清末责任内阁研究》，河南大学硕士学位论文，2007年。

重而非归属一党一派的独特价值观和超然身份，成为他们不约而同选择他的关键。

九

1911 年 8 月 27 日《大公报》刊文，对当时官员的履历与人品作一一介绍与点评，简要明晰，笔挟秋霜，可代表当时公众对于在职官员的精到叙述与评价，其中提到梁敦彦：

“（梁敦彦）广东人，曾文正、李文忠派遣留美第一批学生，习法律，回国充电报学堂教习。张文襄督两广管电报房，文襄犹未识拔也。数年后始渐信用，保知县随至湖北，充督署洋文翻译。文襄署江督交涉多所赞助，保知府。文襄先后督鄂洋务，皆倚办，先后随文襄二十余年。端方署鄂督，奏补汉黄德道、唐绍仪使西藏，袁世凯令举自代者，唐乃举梁调补津海关道开缺，充出使美国大臣，未成行，袁为外务部尚书，荐署侍郎，旋实授。袁劳于枢务，外务一以任之，与朗贝勒同充接待美舰大臣，袁罢任，梁继为外务部尚书，外务部实权皆集于那中堂，梁徒虚拥其名，郁郁求退，开缺赴美养病，现授外务部大臣。其为人真率简静，老于交涉，外人亦颇重之，随张文襄久，颇深于中文。”①

这段文字可作为梁敦彦大半生的概括。虽然在袁世凯手下主管外务，但实权在叶赫那拉·那桐手中，他深难得志，屡屡求退。这也是他不断推辞出任外务部尚书的另一潜在因由，但媒体点评他“真率简静，老于交涉，外人亦颇重之”，可谓点睛妙笔，其性格与才能和国际影响跃然纸上。

① 《弼德院之人物考》，《大公报》1911 年 8 月 27 日。

第二节　出任交通总长

一

1911年，辛亥革命爆发，清朝覆灭。

作为前清外务大臣，梁敦彦不便回国。于是，他遍游西欧，考察研究各国政治、经济、文化。

1911年12月29日，各省都督府代表联合会代表陆续云集南京，召开中华民国临时大总统选举会，选举孙中山为中华民国临时大总统。1912年1月1日，孙中山在南京就任临时大总统。同年2月15日，中华民国临时参议院在南京召开会议，选举袁世凯为中华民国临时大总统。3月10日，袁世凯在北京就任临时大总统。根据协议，临时政府将政权转交给袁世凯。袁世凯组建政府，任命梁敦彦为北洋政府交通总长。

二

《大公报》1914年4月19日报道：

> “前外务部大臣梁敦彦氏带同随员人等刻由德国乘轮回国，已于昨日由奉天换乘火车到津。是时警察厅长杨君敬林率同侦探，差遣巡警军乐各队齐在河北新车站欢迎。”①

备受瞩目的梁敦彦隆重回国。

出任交通总长后，梁敦彦对国内交通管理进行大刀阔斧的改革。针对铁路运输中货物繁杂、管理松弛，货物质量参差不齐、价格不稳，以及储藏、用途等方面的隐患，他进行排查，并制定管理与监督条例。同时，在交通部设立铁路材料研究会，为铁路运输与管理的专责机关，负责委派技术监督、核查、铁路司政、会计、邮传等专业人员出任会员。所有铁路货物组织与运行过程细节，均由这批

① 《梁敦彦到津》，《大公报》1914年4月19日。

委员会商议，以保证货物运输质量、价格、型号、抵达等不出问题。此外，所有职务皆为兼任，并不另外支付费用，若出差或外出调研，则按照部门规定开支。至于会议所用纸张、笔墨等费用，则由会长拟出预算，经部长核实审批。研究会的成立，为国内铁路运输制定严谨而高效的措施。对于刚刚出现的新兴产业来说，规则的设定与执行的严谨，可杜绝众多弊端，令其成为畅通高效且有质量保证的经济动脉。

三

1914 年 12 月 2 日，针对部门财政管理混乱的现状，梁敦彦根据大总统袁世凯的指令，推行年度审计制度：以每年 7 月 1 日开始到次年 6 月 30 日为止，将每年度财政收入进行整理，不得逾期超过次年 12 月 31 日；规定每月各部门应造册上报，如此则获得全国电政管理局的精确资料，以便制定各种决算，但各局任

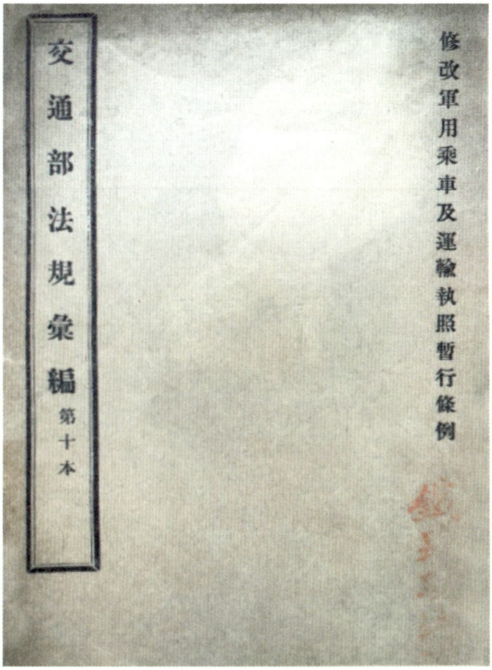

梁敦彦主持编写的《交通部法规汇编》，清晰地规定各种章程，令交通管理耳目一新

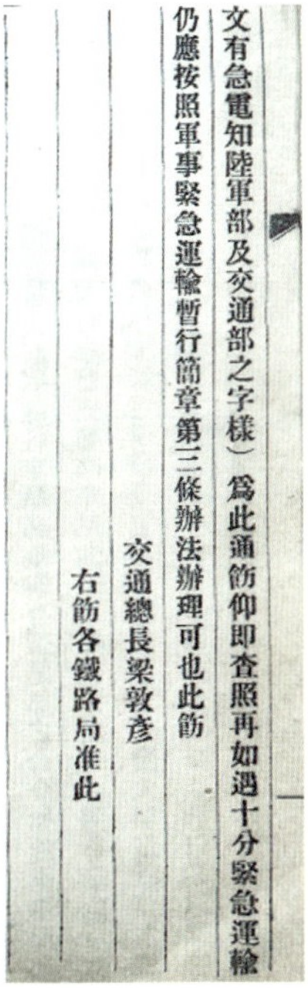
文有急電知陸軍部及交通部之字樣）爲此通飭仰即查照再如遇十分緊急運輸
仍應按照軍事緊急運輸暫行簡章第三條辦法辦理可也此飭
交通總長梁敦彥
右飭各鐵路局准此

虽然出任交通总长时间短暂，但梁敦彦务实而严谨的工作作风，令人感受到他深沉的国家情怀

意拖延，屡催罔应，虽反复推催，但仍有拖延一到两年者。他本欲严惩重罚，但深知会计法令颁布不久，各部门对其要义尚未深悉。不过，梁敦彦通过这份文件告诫各部门领导，因会计办法已然颁布，政府最为关注，更有审计院的监督，又有财政部、立法院的审查，严密谨慎，今非昔比，不能再按照前清时期办理报销的方法去应对各种审计。从中亦可感知交通部内部的拖沓混乱，堪称浑水一潭。

因此，他严文敦促，不得延误，若在最后期限仍未能呈交，则即行查取职位，按程度予以惩戒。这对于从清代延续至当时那慵散模糊、拖拉推卸的旧习确是有力改良，而他更以造册上报、年度审计、奖优惩劣、就事论事的现代管理模式推动部门改革，可见其意志的坚定与措施的果决。他确实希望通过部门的改革力挽颓势，助推国家走出封建时代。可惜动荡不安的时局，令他再也无法精心经营这大厦将倾的交通部。

第三节　出任欧美同学会首任会长

一

作为第一批留美幼童，又曾任朝廷重臣，梁敦彦在留美学生群体中享有崇高地位。同时，他低调沉敏、进退自如、与人为善，素获清誉。1913 年，梁敦彦与周诒春、颜惠庆、王正廷、顾维钧、詹天佑等人共同发起成立欧美同学会，成为中国建立时间最早、规模最大并延续至今的留学人员组织。梁敦彦出任首任会长。

1913 年，梁敦彦出任欧美同学会首任会长——甘慕仪摄于 2023 年 5 月

二

据不完全统计，当时120名留美幼童中，共22人进入耶鲁大学和麻省理工学院，2人进入哈佛大学，3人进入哥伦比亚大学。他们回国后，其中32人进入海关与外交领域，16人从事海军与造船业，16人从事矿务事业，18人从事电报事业，16人从事铁路事业，7人从事商业，5人从事医学，4人从事教育。他们中涌现出中国近代第一批电业工程师，如方伯梁、朱宝奎、梁金荣等；中国第一批铁路工程师，如罗国瑞、陆锡贵、卢祖华等；第一批医术精湛的西医，如何廷梁、曹茂祥、金大廷等。在电讯领域，袁长坤任清政府邮传部电政负责人，民国初期任交通部电报局总局长、教育部主考官，为中国邮电业重要奠基人；唐元湛出任中华民国临时政府第一任电报局局长，为中国电报事业重要奠基人；周万鹏在民国时期任交通部邮传司兼电政总局局长，为中国电讯事业作出深远贡献。

三

大批专才在近代中国做出开创性贡献。邝荣光为煤矿总工程师；陆锡贵为中国第一批矿冶工程师；吴仰曾将开平煤矿（位于今河北省唐山市开平区）建造成中国最大的煤矿企业，后出任清政府留学生典试次官。

黄仲良与詹天佑、钟文耀合力主持粤汉铁路修筑，曾任津浦铁路局局长，“他是中国最早的铁路建设者之一”。[①]

最著名的是詹天佑，1905—1909年出任京张铁路会办兼总工程师，建造工程难度令人生畏的铁路，名扬中外。

方伯梁在担任京张铁路局委员兼通信处处长期间，协助詹天佑完成京张铁路的所有工程与技术难题，合力创造中国铁路历史奇迹。

> “邝贤俦制成一个小火车头，能拉十吨煤车，并从开平延长线至丰台，为中国自制车头第一人。后被调至京张铁路，协助詹天佑完成这一伟大工程。”[②]

① 井振武：《留美幼童与天津》，天津人民出版社，2016年，第188页。

② 井振武：《留美幼童与天津》，天津人民出版社，2016年，第247页。

邝景阳曾代理詹天佑出任京张铁路总工程师。后为京绥铁路总工程师，也是中国第一批矿冶工程师。

他们都为中国煤矿、铁路作出拓荒式贡献。

四

在政治领域，唐绍仪为清末南北议和总代表，出任中华民国责任内阁国务总理；陈锦涛为中华民国财政总长；施肇基为中华民国外交部长。在军事领域，蔡廷干为海军副司令；曹嘉祥、徐振鹏为海军次长；吴应科为海军参议，均为中国近代海军发展作出深远贡献。

此外，钟文耀为著名外交官与沪杭甬铁路总局局长；刘玉麟为驻英美各国使节；梁诚为驻美国公使，参与促成美国将庚子赔款多余款项退回工作。在教育领域，唐国安出任清华学校第一任校长；唐绍仪、梁敦彦、梁如浩、蔡绍基先后担任天津北洋大学督办；温秉忠出任南京华侨子弟学校“暨南学堂”总理；梁如浩、周长龄、方伯梁担任唐山路矿学堂领导。他们合力为近代中国教育事业作出独特的深远贡献。

留美幼童中，周长龄（1861—1959 年）横跨不同领域。他早年随袁世凯远赴朝鲜半岛，后任驻朝鲜王朝总领事；回国后，“将轮船招商局发展为远东最大的轮船公司”①。1903 年，周长龄出任关内外铁路总办；1910 年任外务部参事；辛亥革命后，他南来香港，1918 年参与创办东亚银行，“成为香港行政会议的第一位中国议员”。② 周长龄字寿臣。在香港，由于他设立学校、关注民生、致力慈善，几乎无人不知其大名，人称“寿伯”。

五

留美幼童在民主革命方面也有突出贡献。例如：

① 井振武：《留美幼童与天津》，天津人民出版社，2016 年，第 209 页。
② 井振武：《留美幼童与天津》，天津人民出版社，2016 年，第 210 页。

“孙中山蒙难伦敦，欧阳庚担保帮助孙中山暂栖檀香山，还介绍表弟廖仲恺给孙中山当助手。容星桥则加入同盟会，为孙中山开展武装斗争筹款，支持《中国日报》出版，成为辛亥革命元老。吴应科在辛亥革命中被湖北军政府任命为海军司令。吴其藻参加辛亥革命，担任吴淞口炮台司令。宋文翙为镇东舰队司令，参加了攻打南京城的战斗。驻美公使梁诚联合驻英大使刘玉麟奏请皇上速颁诏旨决定共和。吴仲贤在收回天津、武汉德租界，武汉俄租界中发挥重要作用。”①

六

他们在当时代表国家最先进科学技术的铁路、通讯、交通、医学等领域独领风骚，引领时代。他们更在外交、海关、政治、军事领域以务实、顽强、坚忍、开阔的风格坚守国家权益底线，在与各国力量斡旋商议中进退自如，力求多赢，展现出高超的外交艺术与为国争利的民族气节。随着人生阅历的加深与工作经验的积累，他们将自己的命运与国家、时代、历史融为一体，在不同领域作出意义更深远的贡献，越来越受到朝野关注与倚重。他们更以积极、乐观、开放的精神风貌与行事风格，形成一股充满朝气和活力的文化力量，感染和熏陶着他们领导的部门、接触的人群、辐射的空间，产生越来越深远的影响。他们更相互帮助，携手共进，构成一个巨大而坚韧的集体力量，合力推动着社会朝着更开明、积极的前方默默前行。

七

梁敦彦与同为留学生的辜鸿铭从早年在张之洞幕府共事时期就结下深厚友谊。

1915 年，辜鸿铭出版《中国人的精神》。此名为英文直译。辜鸿铭为它取中文名为《春秋大义》，一起表达孔子在《春秋》中提出的“尊王攘夷”“名分”

① 井振武：《留美幼童与天津》，天津人民出版社，2016 年，第 75 页。

等微言大义。时任北洋政府交通总长的梁敦彦为其题签《原华》，足可见出他与梁敦彦的情谊。

辜鸿铭在《中国人的精神》一书中以梁敦彦为例，认为：

我说，中国人具有情的力量，是因为他们完全过着一种精神生活——情感或者人性友爱的生活。在此让我首先给你们举两个例子，来证明我对过一种精神生活的解释。下面是我的第一个例子。你们中有人可能认识我在武昌的一个老朋友和同僚——他曾在北京做过外务部尚书——梁敦彦先生。梁先生告诉我，当他第一次接到汉口海关道台的任命时，使他渴望成为满清大员、努力得到顶戴花翎以及他荣幸地接受这个任命的原因，不是因为他在意顶戴花翎，也不是因为他自此以后会富贵——在武昌的时候我们所有人都很穷——而是因为他想取悦母亲，通过他的晋升让远在广州的老母亲心情愉悦。这就是我说中国人过着一种精神生活——一种情感或者人性友爱的生活的意思。[①]

昔日名满京城的梁家花园，如今已成北京第十九中所在地，但古老柏树那苍劲壮茂树干，仍让人感受到岁月的痕迹与不屈的生命力——甘慕仪摄于 2023 年 5 月

可见梁敦彦的为人处世与精神内核对辜鸿铭深刻的影响与众多的启迪。

① 辜鸿铭：《中国人的精神》，北京理工大学出版社，2010 年，第 4–5 页。

第四节　传奇落幕

一

1915 年 12 月袁世凯宣布称帝，改国号为“中华帝国”，建元洪宪，史称“洪宪帝制”。

“在为袁世凯效力时，梁敦彦很快就对这位旧军阀失去了信心。袁世凯一直蔑视儒家经典，这让梁敦彦越来越失望……但随着年龄增长，梁敦彦发现了中国传统文化的价值，认为如果没有孔夫子就没有中国。他恳请袁世凯重新考虑他的立场，但袁世凯正急于消灭儒学，对他的请求置之不理。没过多久梁敦彦也辞职了，心灰意冷地回到了家乡，袁世凯再也没能挽留他。”①

目睹袁世凯的行为，梁敦彦、唐绍仪等一批清醒的留美学生对此激烈反对。

梁敦彦故居坐落在北京的胡同深处，成为往日人们认识这位外交英才，透彻理解近代中国历史的重要文化空间——李健明摄于 2003 年 12 月

袁世凯去世后，黎元洪就任总统。

① ［以］利尔·莱博维茨、［美］马修·米勒：《幸运儿：晚清留美幼童的故事》，李志毓译，文化发展出版社，2019 年，第 252 页。

梁敦彦后隐居东交民巷，后寓居天津。辜鸿铭回北京大学授课。

晚年，梁敦彦与辜鸿铭同住京城，时常相互拜访，在古槐树掩映下以粤语闲谈往事。

如今，梁敦彦故居已整体迁移到附近胡同中。古槐掩映下，人们仍能铭怀这位一生为国的智者

——甘慕仪摄于 2023 年 5 月

1918 年，徐世昌出任总统，梁敦彦任交通部部长。

1922 年，废帝爱新觉罗·溥仪迎娶一位满族公主。梁敦彦、蔡廷干充当伴郎。

1924 年 5 月 12 日，梁敦彦病逝于北京，终年六十六岁。

梁敦彦有长子梁致和，清末荫生，曾就职于财政部赋税司、交通部、北平市政府外事处，任欧美同学会总干事，后移居香港。次子梁致祥，娶北京同仁堂乐松生亲姐乐静涵为妻，1908 年留学美国，回国后任中美文化协会秘书等。梁敦彦女儿梁霭珊嫁詹天佑次子詹文琮。孙女梁含章，嫁中华民国首任总理唐绍仪之孙唐世一。如今，梁敦彦后人分布在美国和中国香港、顺德等地。

二

从顺德勒流龙眼乡村小孩到香港皇仁书院学生，从美国耶鲁大学英才到外务部尚书，梁敦彦经历过传统儒生所无法想象的人生，承受过他们难以想象的思想与文化冲击，却实现着传统儒生难以企及的人生理想。

他既在儒家群体中接受忠君报国的熏陶，谨慎谦恭，勤勉奋进，致力于修身齐家治国平天下，又在现代文明的洗礼中逐渐成长，形成清醒、深邃、坚定的现代观念，更磨砺出直抵问题核心的超卓剖析才能，成为一直站在时代最前沿眺望远方的清醒者。

梁敦彦以其视野开阔、公正务实、不群不党、一心为公、致力报国的特质，成为近代各种新政、中外事务探索与执行中愈发举足轻重的人物，也以其卓越才能与坚忍锐进得以在近代中国外交、交通、能源、工业、军事、高等教育领域作出开创性贡献，令人景仰。他更完善北洋大学堂、促成设立游美肄业馆，为国家培养出大批影响深远的现代英才，其杰出贡献，至今仍为人们称颂。

梁敦彦大事记

1858 年

十月初二（11 月 7 日）出生于广东顺德县勒流龙眼乡新屋坊一大户人家。祖父梁镇邦，号蕴生。梁镇邦生有三子，长子梁文锳，号琼史；次子梁文锐，号励峰，为梁敦彦父亲，母亲为郑氏；末子梁文镜，号星臣。梁文锳去世于 1854 年 7 月，无子。梁文锐奉父命奉梁敦彦为嗣子。

1866 年

就读于香港仁皇书院。

1872 年

七月初八（8 月 11 日）赴美留学，就读于康涅狄格州哈特福德高等小学，寄宿于巴特拉夫人家，深受其家庭文化熏陶，跟从巴特拉夫人长女玛丽（Mary Bartlett）小姐学习英语，半年后英语地道如本地人。

1873 年

小学毕业，获一等奖。

1874 年

考入哈特福德高等中学。

1878 年

中学毕业，获演说一等奖。

1878 年

考取耶鲁大学，攻读经济学。每年暑假，与中国学生一道在哈佛大学补习中文，每次考试俱为优等。

1881 年

因清政府中断留美项目，与留美学生一道返回中国。回国后在天津电报学堂教授英语。

1884 年

回乡办理祖父梁镇邦后事，积蓄用尽，辗转于香港、广州，后遇到学生胡君。

1885 年

进入两广总督张之洞帐下电报房，任电报译员。

1886 年

因创办两广电线出力，经张之洞等奏保，以府经历选用。

1887 年

在张之洞设立的洋务处担任差委委员。

1888 年

张之洞保举以知县选用。

1893 年

妥善处理宜昌、恩施焚烧教堂案件。7 月，返乡探访母亲与亲友。

1898 年

参与汉阳铁厂、湖北枪炮厂建设，后获奏保，免选本班，以直隶州知县选用。

1901 年

获奏保，免选直隶州，以知府选用，并加盐运使衔。7 月，报捐候选道。

1902 年

以道员身份发往湖北补用，交军机处存记。后经湖北巡抚端方奏保，补湖北汉黄德道。

1904 年

2 月，接印任事。9 月 6 日，赴津就任直隶津海关道主官，兼任京奉铁路总办。参与广东会馆建设；推动城市疫情防护措施；收回八国联军占领的租界内官民土地；受命负责与英国、德国商团面议修建天津通往南京浦口区的津浦铁路，在保证国家权益的前提下，探索出借款修路模式；推荐詹天佑出任京张铁路总工程师。

兼任北洋大学堂督办，积极推动北洋大学堂管理，主持派遣学生赴美留学，为其逐渐发展成国际知名高校奠定重要基础。

1905 年

主持与意大利、奥匈帝国、比利时电车公司、中方合资修建金汤桥。与比利时商人合作开发临城煤矿。经袁世凯奏保，赏加二品衔。

1906 年

代表清政府，主持与德国商人合作开发井陉煤矿

1907 年

4 月，奉旨入京，暂行帮办税务。同月，奉旨出使美、德、墨、秘、古国大臣，后因事未果。9 月 10 日，奉旨署理外务部右侍郎。耶鲁大学来电授予名誉法学博士学位。

1908 年

与德华银行代表柯达士、英华中铁路公司代表濮兰德签订《津浦铁路借款合同》。

5 月，与众大臣达成庚子赔款多余部分用于留美教育的共识。

6 月 20 日，补授外务部右侍郎。

7 月，与美方达成协议，将超出部分退还中国，用于派遣学生赴美留学。

7 月 14 日，与庆亲王奕劻与叶赫那拉·那桐、袁世凯、联芳联名签署《外交部照会（附件三）》。

12 月，与外务部会办大臣叶赫那拉·那桐、外务部尚书袁世凯与日本驻华公使会谈，就“间岛问题”等中日外交事务进行交涉。

1909 年

1 月 3 日，出任署理外务部尚书会办大臣；1 月 23 日，补授外务部尚书会办大臣。

7 月 10 日，外务部主撰稿，并由外务部与学部共同呈奏的建议中提出，在京师设立游美学务处，负责学生选拔，同时，设肄业馆，“选择学生入馆试验，择优录取，以十分之八习农工商矿等科目，以十分之二习法理财政师范专业。”

9 月 14 日，与日本特命全权公使伊集院彦吉在北京共同签署《图们江中韩界务条款》。

9月28日，外务部主撰稿，会同学部，共同申请将清华园地亩兴筑游美肄业馆。同时，不断完善各种人员选择、经费来源、监管制度。

1910 年

7月26日，不再担任外务部尚书。9月，出访德国、美国，密谈结盟。12月，游美肄业馆开办。

1911 年

在美国接受耶鲁大学授予的名誉法学博士学位。5月，庆亲王奕劻组成内阁，出任外务大臣。11月，出任外务部大臣（袁世凯任内阁总理大臣）。

1912 年

出任北洋政府交通总长，着力改革交通部管理（同年，袁世凯在北京就任临时大总统）。

1913 年

与周诒春、詹天佑、顾维钧、颜惠庆等共同发起成立欧美同学会，为首任会长。

1918 年

出任交通部部长。

1924 年

5月12日，在北京去世，终年66岁。

参考文献

著作

1.（清）温汝能纂辑《粤东诗海》，吕永光等整理，李曲斋、陈永正审定，中山大学出版社，1999.

2. 佘祖明 .《广东历代诗钞》，民国时期 .

3.[以] 利尔－莱博维茨，[美] 马修·米勒 . 幸运儿：晚清留美幼童的故事 . 李志毓，译 . 文化发展出版社，2019.

4. 钱刚，胡劲草 . 留美幼童——中国最早的官派留学生 . 文汇出版社，2004.

5. 蒲实，陈赛等 . 大学的精神 . 中信出版集团股份有限公司，2017.

6. 高鲁宗译注 . 中国留美幼童书信集 . 珠海出版社，2006.

7. 井振武 . 留美幼童与天津 . 天津人民出版社，2016.

8. 赵德馨主编，吴剑杰、冯天瑜副主编 . 国家清史编纂委员会·文献丛刊，张之洞全集，第二册，第三册 . 周秀鸾，点校 . 武汉出版社， 2008.

9. 中国社科院近代史研究所 . 近代史所藏清代名人稿本抄本·梁敦彦档 . 大象出版社，2011.

10. 张金声 . 梁敦彦其人其事 . 王杰、张世秩 . 北洋大学与天津，第三辑 . 天津大学出版社，2019.

11. 光绪三十年五月初三张之洞致袁世凯、梁敦彦电 . 宓汝成 . 中国近代铁路史资料 1863–1911，第二册 . 中华书局，1963.

12. 颜惠庆 . 颜惠庆自传—— 一位民国元老的历史记忆 . 吴建雍、李宝臣、叶凤美译 . 商务印书馆，2003.

13. 清华大学校史研究室 . 清华大学史料选编（一）. 清华大学出版社，1991.

14. 唐绍明．清华大学校长唐国安 —— 一位早年留美学生的报国之路．清华大学出版社，2016.

15. 胡适．追想胡明复，胡适精品散文集（下）．二十一世纪出版社，2017.

16 辜鸿铭．中国人的精神．北京理工大学出版社，2010.

论文和报刊

1. 裴燕生．《从顺德梁崧生尚书生平事迹草稿》（手抄本）看清外务尚书梁敦彦早年事迹．档案学通讯，2007（1）.

2. 裴燕生．清外务尚书梁敦彦的幕友生涯及《梁敦彦履历》勘误．档案学通讯，2008（1）.

3. 李昀泽．试论汉阳铁厂在近代中国发展中的价值．中外交流，2017（51）.

4. 谭春玲．晚清津海关道研究．华中师范大学博士学位论文，2012.

5. 张绍祖、张建虹．交通总长梁敦彦的传奇生涯．天津政协公报，2007（11）.

6. 郭立彬、雷宏谦．中比合办临城煤矿述论．邢台学院学报，2012（1）.

7. 栗永．井陉煤矿的创建——石家庄历史事件 近现代“城韵新章”．银河阅读中文网， 2021-4-7.

8. 马陵合．“浦口条件”：近代中国铁路借款模式的变与不变．中国经济史研究，2003（1）.

9. 苏权有、申艳玲．袁世凯与津镇铁路借款交涉．淮北煤炭师范学院学报，2008（8）.

10. 袁宫保奏折摘要．大公报，1907-8-11.

11. 梁侍郎患病详情．大公报，1908-5-5.

12. 李花子．中日“间岛问题”和东三省“五案”的谈判祥析．史学集刊，2016（5）.

13. 间岛交涉之近闻．大公报，1908-9-1.

14. 崔志海．关于美国第一次退还部分庚款的几个问题．近代史研究，2004（1）.

15. 何昕．梁敦彦评传．华东师范大学硕士学位论文，2019.

16. 政府将召用外交人员．大公报，1911-4-20.

17. 电调梁尚书究将何为．大公报，1911-4-20.

18. 梁敦彦京寓之冷落过．大公报，1911-5-17.

19. 电催梁大臣速行到任．大公报，1911-5-18.

20. 辞职不准．大公报，1911-5-22.

21. 梁敦彦评．大公报，1911-5-31.

22. 侯春奇．清末责任内阁研究．河南大学硕士学位论文，2007.

23. 弼德院之人物考．大公报，1911-8-27.

24. 梁敦彦到津．大公报，1914-4--19.

图片来源

1. 蒋星德．曾国藩全传：成大事者必自律．中国民主法治出版社，2023.

2. 李穗梅主编．邓又同捐赠 广州博物馆藏近代名人手札翰选．花城出版社，2003.

3. 梁敦彦、詹天佑、曹嘉祥图片由珠海容闳与留美幼童研究会提供．

后　记

本书虽为梁敦彦评传，但涉及近代中外历史与多位重要人物。因此，对人物的历史评价与不同事件的叙述和分析，成为本书的重要内容。大量文献与学术著作、论文的阅读成为此书动笔前的基本工作。文献资料的来源至关重要。

非常感谢顺德区大良街道梁銶琚图书馆的梁舒扬小姐。她为笔者持续而高效地提供大量参考文献，更为笔者精选其他具有参考和启发意义的论文和资料信息，为本书的顺利推进打下扎实的学术基础。

天津师范大学乔玉红博士，为笔者全方位寻找梁敦彦和其他留美幼童在天津的几乎所有信息。珍贵的第一手资料的引用成为本书重要的支撑与最大亮点。在此，深表谢意。

非常感谢清华大学校史馆、档案馆范宝龙馆长、金富军副馆长、朱俊鹏副馆长对本书中关于梁敦彦与游美肄业馆、清华学堂、清华学校的关系及其对留美事业贡献叙述的审定与修改，令这段历史与贡献更为清晰与精准。在此特表谢意。

非常感谢天津文史专家韩宝林先生。正是他的介绍，笔者才得以认识天津记忆博物馆的齐惠敏馆长和天津文史专家井振武先生。井先生的《留美幼童与天津》成为笔者理解留美幼童在近代中国的重要贡献的信息来源。笔者与他更因此结缘，并得到他无私的帮助，获许可引用其《百年金汤桥，一座有故事的桥》众多原文。在此，深表谢忱。

2023 年冬日，笔者来到天津，在文史专家周醉天先生、井振武先生、万鲁建博士、天津大学张世轶教授的指点下，获得更丰富的梁敦彦在津历史信息。井振武先生还赠送《北洋大学与天津》第三辑，内有张金声先生的《梁敦彦其人其事》，详细叙述梁敦彦在天津的功绩，成为本书珍贵的历史参考。周醉天先生次日还开车带笔者到河北工业大学，寻找北洋大学堂昔日建筑，亲身感受百年名校的历史脉络与扎实学风，为本书增添了珍贵的历史照片。分别后，张世轶教授、井振武先生还不时提供天津大学的各种历史信息和建议。天津学者热情周到的接待与指点，令人深为感动。在此，特表谢意。

非常感谢暨南大学图书馆古籍部的罗志欢研究员。他多年前为笔者复印的《梁敦彦遗文辑录》成为笔者重新理解这位乡贤最重要的原始资料，也是笔者得以有信心完成此书的重要支撑。

非常感谢顺德职业技术学院酒店与旅游管理学院甘慕仪院长、綦恩周书记无微不至的支持与幕后默默的支撑。没有他们的帮助，笔者断无法专心写作。

特别感谢佛山市南海区博物馆副馆长卢筱洪先生。经他介绍，笔者得以认识珠海市博物馆副馆长王彪先生，再辗转联络到珠海容闳与留美幼童研究会秘书长、容闳博物馆馆长杨毅先生。热情的杨馆长提供了大量珍贵图片和专业建议，令此书内容更丰富且精准。在此，特表感恩之情。

顺德职业技术学院人文学院传播与策划专业创办负责人、高级“双师”型教师、原顺德电视台（佛山电视台顺德分台）副台长、主任编辑黎仁刚先生，提供他前期研究的信息、心得、建议，为笔者深入研究提供重要指引。尤其是他前往耶鲁大学图书馆查阅梁敦彦亲笔填写的入学表，查到了梁敦彦出生的准确年份。在此，谨表谢意。

特别感谢留学英国爱丁堡大学攻读硕士学位的林梓彤小姐。她不仅为此书提供精美的爱丁堡大学图片，还查找到一百多年前辜鸿铭的入学登记，并拍照相送，为此书提供异常珍贵的历史资料。

非常感谢顺德公证处的袁云静小姐。她为笔者推荐天津文史研究专家魏斌先生。魏斌先生不辞劳苦，提供大量珍贵的天津旧照片，为本书增添独有的历史厚重感。

此外，2023 年冬日，魏斌先生带领笔者实地走访金汤桥、津海关道原址及各国租界原址，令笔者切实触摸到百年前梁敦彦曾经留下的痕迹，为本书增添独有的历史气息。在此，特表谢意。

梅策迎博士、黎民杰先生提供精彩的美国大学图片，为本书增添独有历史感。

在此特表谢意。

留学德国纽伦堡大学攻读硕士学位的舒涣同学，为本书提供珍贵的德国大学图片，无言感激。

非常感谢在清华大学土木工程专业攻读硕士学位的顺德男孩黄耀翔同学提供清华学堂的精彩图片，令书籍因梁敦彦对清华大学的历史贡献而增添一份特别的顺德色彩。

非常感谢香港的邓巧儿小姐积极提供皇仁书院的各种信息，为本书填补这一历史空白。

香港皇仁书院毕业生余自立先生为本书提供皇仁书院的图片，为梁敦彦早年生活提供独特的历史画面。在此，特表谢意。

广东第二师范学院教师、中山大学专门史博士刘焱鸿，肇庆学院旅游与历史文化学院历史系专任教师、岳麓书院历史学博士吴劲雄先生，顺德区博物馆副馆长彭有结女士、顺德区勒流街道龙眼村乡村振兴文化顾问梁晴尔先生、勒流街道龙眼村乡村历史研究者梁孔升先生皆认真审读全稿，提出众多专业而细致的修改意见，令本书更臻完善。在此，特表谢意。

顺德区清晖园博物馆副馆长张凤娟女士在笔者漫长的三年研究过程中，从文献查找到历史考证都无私相助，令此项工作得以顺利进行。在此，特致谢意。

非常感谢顺德伦教郑敬诒职业技术学校的李小东老师，正是他帮忙联系到北京第十九中的陈铁权老师。在陈老师帮助下，我们才顺利进入第十九中，拍摄下珍贵的梁家花园旧址上迎风挺立的古老松柏，为此书增添独有的厚重历史画面。

杨智军女士提供图片技术支持，特此致谢。

一书草成，千头万绪，本人虽全力以赴，但学识有限，如有错漏，敬请各位读者指正。

2024 年 4 月 28 日